内江师范学院“十四五”校本规划教材建设专项项目成果（课题编号：JC202103）
四川省第二批省级社会实践一流本科课程“小学综合实践活动设计与组织”项目成果
四川省省级线上一流本科课程“小学综合实践活动设计与组织”项目成果

小学综合实践活动设计与指导教程

XIAOXUE ZONGHE SHIJIAN HUODONG
SHEJI YU ZHIDAO JIAC

李　雪◎编

西南财经大学出版社
中国·成都

图书在版编目(CIP)数据

小学综合实践活动设计与指导教程/李雪编.
成都:西南财经大学出版社,2025. 2. --ISBN 978-7-5504-6623-4
Ⅰ. G622. 3
中国国家版本馆 CIP 数据核字第 202506UY78 号

小学综合实践活动设计与指导教程

李雪 编

责任编辑:张岚
责任校对:廖韧
封面设计:墨创文化
责任印制:朱曼丽

出版发行	西南财经大学出版社(四川省成都市光华村街 55 号)
网　　址	http://cbs. swufe. edu. cn
电子邮件	bookcj@ swufe. edu. cn
邮政编码	610074
电　　话	028-87353785
照　　排	四川胜翔数码印务设计有限公司
印　　刷	四川五洲彩印有限责任公司
成品尺寸	185 mm×260 mm
印　　张	12. 375
字　　数	254 千字
版　　次	2025 年 2 月第 1 版
印　　次	2025 年 2 月第 1 次印刷
书　　号	ISBN 978-7-5504-6623-4
定　　价	35. 00 元

序

李雪副教授专注中小学综合实践活动课程师资培养、从事导法课讲授、推动导法课课程改革十余年。在这十余年里，她组建了由高校教师和小学一线优秀教师组成的导法课教师团队，建构了导法课“理论学习—社会实践—共同发展”（theory studying，social practicing，growing together，SPG）教学模式，以及大学导法课与小学综合实践活动课“学训研改”（study，practice，research，reform，SPRR）一体化改革模式。

在课程改革中，李雪坚持把马克思主义基本原理同中国具体实际相结合、同中华优秀传统文化相结合，建构了小学综合实践活动红色文化教育、劳动教育、构建人类命运共同体、科技创新、中华优秀传统文化传承与发展五大活动主题，并充分结合和利用地域特色文化，与当地优秀的一线教师共同合作，为这五个活动主题出版了相应的小学综合实践活动课程教材、为若干所小学打造了综合实践活动主题校园文化和实践基地，开发了丰富的、成体系的小学综合实践活动课程和导法课共建共享资源。

在四川省省级社会实践一流本科课程建设项目和省级线上一流本科课程建设项目的支持下，李雪同志带领团队，建设了“综合实践活动设计与组织”网络课程，积累了丰富的网络课程资源。上线以来，有来自8所高校的5 908名学生统一选修了该课程，以及来自108所高校的其他学习者学习了该课程。

因此，这本导法课教材的出版，既是瓜熟蒂落之事，是教学改革成果的总结和巩固，更是教学改革深化推进之需。

这本教材有以下几个特点。

一是作者首次提出了“导法课”的概念，是课程理念上的一个创新。这个概念的提出，充分体现了小学综合实践活动课程的特点和师资要求，强调教师在综合实践活动过程中的指导者角色和指导作用，明确培养师范生指导小学生开展综合实践活动的能力。因此，这个概念确立了小学综合实践活动课程师资培养课程的新理念和新定位。

二是教材里大量使用原创案例，使得教材更生动、更有说服力。教材所使用的案例都是导法课教师团队及师范生在指导、研究、参与小学综合实践活动课程和课程改革过程中的原创案例。某些案例在实施时还被省市媒体宣传报道。以原创案例作为教材的案例，更具示范性和感染力。

三是该教材作为作者深耕教学十余年的项目成果，贴近教学实际，有很强的实践性。教材以《中小学综合实践活动课程指导纲要》为依托，结合《义务教育课程方案》等课程政策，在“学训研改”丰富的实践经验支撑下，对《中小学综合实践活动课程指导纲要》进行了较为全面的解读。

希望本书的出版能为我国中小学综合实践活动课程的建设、师资培训、深入实施作出贡献。

是为序。

戚万学

2025 年 1 月

（**戚万学**，曲阜师范大学原党委书记，教授，“文化名家暨四个一批理论人才”，国家教学名师，山东省首批有突出贡献的中青年专家。兼任国务院学位委员会全国教育专业学位教指委委员，教育部全国高等学校设置评议委员会委员，教育部教育学专业教指委副主任委员，教育部基础教育德育工作专委会主任委员，全国德育学术委员会理事长。主要研究方向为教育哲学、道德教育理论、现代西方道德教育理论。）

自序

本书是小学综合实践活动导法课教材，是依托我主持的四川省第二批省级社会实践一流本科课程“小学综合实践活动设计与组织”项目、四川省省级线上一流本科课程“小学综合实践活动设计与组织”项目、内江师范学院2019年一流本科专业建设“小学教育”项目（YLZY201904）和内江师范学院社会实践一流本科课程“小学综合实践活动设计与组织”项目（JK202043）的教改成果。

小学综合实践活动导法课的课程改革一直在路上。通过十余年的教学改革，我和我的教学团队确立了课程导法课定位，建构了“理论学习—社会实践—共同发展”的以学生发展为中心的教学模式和大—小学综合实践活动课程“学训研改”一体化改革模式。在“两个结合”的指导下，开发了红色文化教育、劳动教育、构建人类命运共同体、科技创新、中华优秀传统文化传承与发展五大主线课程资源，并出版了相应的书籍作为小学综合实践活动课程的课程包，还建设了网络课程。

我们的教学改革成果包括：

一、专著

《烽火中行走的“活新闻”——范长江精神的影响与传承》（艾艳萍，西南交通大学出版社，2017年）

《小学思想品德教育学》（林海亮、李雪等，西南交通大学出版社，2020年）

《博通文理 爱满天下》（陈光元、李雪等，西南交通大学出版社，2021年）

二、综合实践课程教材（丛书）

1. 红色文化教育

《闪闪红星耀东兴》（李雪、艾艳萍等，西南交通大学出版社，2017 年）

《闪闪红星耀甜城》（艾艳萍、李雪等，西南交通大学出版社，2017 年）

2. 劳动教育

《爱上劳动——小学劳动教育实践》（上/中/下）（刘瑛等，西南交通大学出版社，2025 年）

3. 构建人类命运共同体

《廉洁种子种童心》（低段/高段）（李雪等，西南交通大学出版社，2020 年）

4. 科学创新

《生活中的科学》（黎勇等，西南财经大学出版社 ，2024 年）

5. 中华优秀传统文化传承与发展

《小学古诗词吟诵》（李雪等，西南交通大学出版社，2021 年）

《有趣的二十四节气》（李雪等，西南交通大学出版社，2021 年）。

《小学综合实践活动设计与指导教程》今天终于付梓。至此导法课教学改革又告一段落。但是，我相信，小学综合实践活动导法课的课程改革永远在路上。

李雪

于蓉城

2025 年 1 月

识别二维码，参加李雪老师教学团队的小学综合实践活动导法课程“小学综合实践活动设计与组织”的学习

目录 CONTENTS

导言

21 世纪初，我国开展了新中国成立后的第八轮课程改革，也就是我们通常说的新一轮基础教育课程改革。在这一轮课程改革中，教育部为中小学设置了一门新的课程——综合实践活动。2001 年 6 月，教育部颁布了《基础教育课程改革纲要（试行)》（以下简称《改革纲要》），明确提出将综合实践活动课程设置为必修课，并且要求从小学至高中全面开课。

在开设之后的十多年里，综合实践活动课程“在培养学生综合素质方面发挥了重要作用，但也面临着不少问题，主要是对该课程性质、形态等缺乏准确的理解和把握，实施过程中盲目性和随意性较大，迫切需要加强规范和指导”①。

小学综合实践活动课程开设面临的主要挑战可以简单总结为以下几点。

第一，课程实施区域不平衡。在小学里，综合实践活动课程普遍已被加入课程表，但是，部分学校受到师资、管理、社会环境等诸多因素的限制，暂时无法真正实施它。关于这门课程的实施情况，一般来说县城学校比乡镇学校好，发达地区学校比其他地区学校好，教育理念先进的学校比其他学校好。即使在同一个片区，学校与学校之间的差异也是存在的，甚至差异还是明显的。

第二，师资质量参差不齐。小学综合实践活动课程的专职教师人数普遍较少，甚至部分学校的教师由班主任或其他科任教师兼职担任。而校外兼职教师的质量和稳定性也相对较差。这导致教师投入综合实践活动课程的时间、精力等都受到其他工作的严重限制。同时，教师也受其他学科思维的影响，容易把综合实践活动课程“变成”学科活动课程，容易忽略综合实践活动课程中教师的“指导者”角色而坚持“教学者”角色。

第三，课程管理制度不健全。部分学校对小学综合实践活动课程教师队伍建设的

① 教育部. 加强中小学综合实践活动课程指导，提升学生综合素质：教育部教材局负责人就《中小学综合实践活动课程指导纲要》答记者问［EB/OL］.（2017-10-30）［2021-05-09］. http://www.moe.gov.cn/jyb_xwfb/s271/201710/t20171030_317770.html.

关注不够，教师外出参加综合实践活动课程的相关培训机会不多。而对兼职教师的队伍建设也未给予足够的重视，导致兼职教师的作用没有得到有效发挥。部分学校也缺少小学综合实践活动课程领导机构，没有小学综合实践活动教研组、小学综合实践活动教研室，导致相关督导制度和评价制度缺失，校内外资源无法有效统筹。

第四，教师对课程的认识不够深入。部分学校对小学综合实践活动课程的理解不够深入，甚至存在偏颇。这体现在两点上：第一，被动实施小学综合实践活动课程。小学综合实践活动课程是三级管理的课程，课程开发和实施的主体是学校，因而其实施需要学校积极地投入，而校本化的实施是根本的途径。但是部分学校没有认识到自身的主体地位和职责，依照学科教学的思维，等待上级的课程标准和具体要求，等待统一的教材。部分学校甚至简单地认为实施小学综合实践活动课程的课时不好统筹，会分散学生学习学科知识的时间、精力，会影响学生主要学科的学习，因此，以守住学科教学“一亩三分地”的态度对待小学综合实践活动课程。甚至某些学校还提出要取消小学综合实践活动课程。第二，错误实施小学综合实践活动课程。很多学校实施课程的积极性很高，也对课程作出了大胆的探索和尝试，迈好了课程实施的第一步；但是由于缺乏共识，学校各自按照自己的理解开课，小学综合实践活动课程在实施过程中出现了“走样”。“走样”主要有以下几种情况：第一种情况是“教”小学综合实践活动课程。教师把综合实践活动课程视作学科课程，以教为主。学生在教师的“教”之下学习。第二种情况是把综合实践活动课程等同于活动，认为实施综合实践活动课程就是开展活动；只要开展活动，就是实施综合实践活动课程。第三种情况是把小学综合实践活动课程的时空限制在教室的课堂四十五分钟里，就在教室的课堂里完成小学综合实践活动课程的全过程。第四种情况是以学科实践活动替代综合实践活动。

2017 年，教育部颁布了《中小学综合实践活动课程指导纲要》（以下酌情简称《指导纲要》），加强了对中小学综合实践活动课程的指导。这个《指导纲要》对综合实践活动这门课程作了全面、准确、系统的界定，在明确综合实践活动课程的性质、地位的基础上，要求“自小学一年级至高三年级全面实施”该课程。同时，还介绍了该课程的基本理念，明确了该课程的总目标和各学段目标，并且对课程内容与活动方式作了原则性的要求，对课程规划、实施、管理、保障提出了规范化的操作标准。《指导纲要》还向教师推荐了一系列活动主题。

第一章

小学综合实践活动课程的基本理念

学习目标

1. 了解小学综合实践活动课程的定义、课程性质和定位。
2. 理解开设小学综合实践活动课程的背景及意义。
3. 掌握小学综合实践活动课程的特点。
4. 在学习中掌握马克思主义关于实践的观点。

第一节　理解小学综合实践活动课程

小学综合实践活动课程类似于我们平时所说的小学语文课程、小学数学课程，是在小学阶段开设的综合实践活动课程。

要理解小学综合实践活动课程，就要先认识综合实践活动课程；要认识综合实践活动课程，就要先认识综合实践活动。

一、综合实践活动的概念及其基本理念

《指导纲要》给“综合实践活动”下了权威的定义。

综合实践活动是从学生的真实生活和发展需要出发，从生活情境中发现问题，转化为活动主题，通过探究、服务、制作、体验等方式，培养学生综合素质的跨学科实践性课程。

生活、发展、问题、方式、跨学科、实践性等几个关键词可以帮助我们理解综合实践活动及其基本理念。

（一）关键词“生活”

生活是综合实践活动的基础。在定义中，“生活”出现了两次，这个关键词表明了两层意义。

第一，综合实践活动以学生的真实生活为基础。

“学生的真实生活”，这是一个广义的生活概念，涵括了学生所有的为了生存和发展而进行的各种活动。因此，生活本质上是实践的，离开生活，就无所谓实践，离开实践，生活也就不存在了。生活本质上也是综合的，因为生活的所有因素之间的关系总是错综复杂的。即使一个看似极其微小的现象，也包含了众多知识。例如食物保

存，就包含了细菌繁殖、保存温度、保存条件等。

可见，综合实践活动扎根于学生的真实生活具有必然性。可以说，脱离了学生的真实生活，就没有真正的综合实践活动。综合实践活动的主题、内容、方式等，都是基于学生的真实生活的。因此，杜威指出，真正的综合学习必然是建立起学科与生活内在联系的学习①。

第二，综合实践活动是动态开放性课程。

综合实践活动强调从学生的真实生活和发展需要出发，选择并确定活动主题，鼓励学生根据实际需要，对活动过程进行调整和改进，实现活动目的。

由于学生的真实生活千差万别，不同地域、不同生活背景、不同年级学生的真实生活差别尤为明显，因此，综合实践活动课程实施难以以跨地域的教材为主要载体。换而言之，学生真实生活的差异性决定了综合实践活动必然是动态的和开放的。

（二）关键词“发展”

学生的发展是综合实践活动的目的和逻辑起点。学生的发展需要是综合实践活动的出发点。

综合实践活动作为学校教育的重要课程，其目的必然与教育的目的一致。教育的一切行为都以促进学生的发展为目的。综合实践活动也不能例外，以培养学生综合素质为目的。

学生的发展需要是综合实践活动的逻辑起点，这明确表达了综合实践活动学生本位的价值取向。学生的发展需要是开展综合实践活动的出发点、前提和依据。不同的学生有不同的发展需要，我们就开发、设计和实施不同的综合实践活动。

（三）关键词“问题”

问题是综合实践活动的科学导向。综合实践活动是“从生活情境中发现问题”开始，不管是综合实践活动的主题还是方式，都围绕问题设计和展开。换而言之，综合实践活动是问题导向的。

从心理学的角度来说，人的思维总是有问题指向性的。问题越清楚，人的思维就越清晰，实践就越高效；问题越模糊，人的思维就越混乱，实践就越低效。

（四）关键词“方式”

综合实践活动方式是有限定的，其主要活动方式有探究、服务、制作、体验等。综合实践活动作为一种有目的、有计划、有组织的教育活动，其主要活动方式有所限定是必然的。

---

① 张华. 跨学科学习：真义辨析与实践路径［J］. 中小学管理，2017（11）：21-24.

综合实践活动作为新课程，必然受到当前教育体制、教学组织形式、教育教学管理等课程背景的影响和限制。为与背景相适应，综合实践活动一般情况下都应该采取这些活动方式中的一种或几种。

（五）关键词“跨学科”

综合实践活动是“培养学生综合素质的跨学科实践性课程”，这意味着它不是学科课程，不属于任何一个学科，不能视为或者实际操作成某门学科的学科活动。但是，“跨学科”也同时意味着它又是依托于各个学科的。综合实践活动是融合了若干门学科知识、能力的课程，是学科知识的延伸、综合、重组和提升。而且，在综合实践活动中发现和产生的种种问题，也需要回到学科、利用学科的方法加以研究、解决和拓展。因此，离开了各个学科的知识，综合实践活动就失去了意义。

（六）关键词“实践性”

实践性是综合实践活动的本质。这至少表达了两层意义。

首先，综合实践活动强调学生实践及通过实践获得的直接经验。这要求这门课程要改变纯粹的知识（间接经验）学习的模式，让学生的探究、服务、制作、体验等实践及由这些实践形成的直接经验成为学生知识结构的重要组成部分，成为学生自主建构合理知识结构的导向和动力。

其次，综合实践活动需要在一定程度上突破课堂的时空限制。在真实生活的基础上实施综合实践活动，就要求师生走出教室，直面自然、直面社会、直面生活。换而言之，综合实践活动的实践性既要求指导教师有意识地以课堂之外的时空为主，重视课堂内外时空的优化和配合，又要求课程管理者对综合实践活动在课堂时空之外的实施过程提供支持和保障。课堂时空对综合实践活动的局限性是显而易见的，因此，突破课堂时空是开展综合实践活动的必然要求。

【案例 1-1】

“学习范长江的精神”小学综合实践活动

内江市东兴区某学校在打造学习范长江的校园文化时引起了学生们的好奇。范长江成了他们课余的主要话题，他们提出了“范长江是谁?”“为什么要学习范长江?”“范长江有什么精神?”等问题。

老师敏锐地抓住了学生的问题，从这些问题出发，组织感兴趣的同学组成“学习范长江的精神”小学综合实践活动小组，开展综合实践活动。

老师引导学生通过上网查资料、图书馆查资料、咨询长辈等方式初步了解范长江。同时，老师自己也开始查找范长江的相关资料并对接范长江纪念馆，为指导学生完成综合实践活动做好准备。

学生们收集好相关资料后，在活动小组内部进行了分享。按照学生分享的内容和学生的兴趣，老师将学生分成小小记者、范长江故事、我是小红军、歌颂范长江、小小解说员四个兴趣小组，让各小组分别进行深入探究。

小小记者小组的主要任务是体验范长江作为记者的职业角色。于是老师指导学生学习范长江关于新闻的一些论述和观点，然后自拟采访提纲，并进行实地采访，最后形成采访新闻。

范长江故事小组的主要任务是了解范长江的生平故事。老师指导学生通过采访本地人了解范长江在当地流传的故事、通过到图书馆和范长江纪念馆查阅相关文献了解范长江的故事、通过与范长江新闻奖获得者连线了解范长江的故事，然后把这些故事撰写成文字，并通过手抄报的形式展示出来与同学们分享。

我是小红军小组的主要任务是体验一次红军长征。老师指导学生根据范长江新闻作品中所描述的红军长征的情况，绘制红军长征线路图，模拟一次红军长征活动。

歌颂范长江小组的主要任务是制作一首歌颂范长江的歌曲。老师指导学生在理解范长江的精神的基础上，把想要歌颂范长江的话写下来整理成歌词，再请社会实践基地的老师帮忙谱曲成歌，并在学校里教全校同学演唱。

小小解说员小组的主要任务是参加范长江纪念馆解说员培训，成为范长江纪念馆的小小解说员志愿者。在老师指导下，学生们与纪念馆的管理部门一起为小小解说员专门拟定解说词等，并进行相应的培训。培训结束后，小小解说员利用课余时间为范长江纪念馆提供解说服务。

【案例点评】

这个案例的主题来自学生的真实生活，以学生的问题为导向，充分运用各种活动方式，综合了语文、数学、地理、历史、艺术、科研等方面的知识，突破了课外、校内的时空限制，有效地提升了学生的综合素质。

二、综合实践活动课程的性质及定位

综合实践活动作为一门课程，其课程性质及定位决定了课程实施的方式、方法、资源投入和整合的力度等。因此，我们有必要了解综合实践活动的课程性质和定位。

教育部在《改革纲要》中明确提出设置综合实践活动课程为必修课，并且要求从小学至高中全面开课。但是，在综合实践活动课程开设初期，学校和教师对这门课程的理解千差万别，主要是对该课程的性质、形态等缺乏准确的理解和把握，实施过程中盲目性和随意性较大。加之有专门的师资队伍及相应的师范教育课程，大部分地方的开设情况都不理想，迫切需要加强规范和指导。

2017 年 9 月，教育部在多次调研、研讨、征求意见的基础上，制定并印发了“中小学教师期盼已久的”《指导纲要》①。《指导纲要》再次明确了综合实践活动的课程性质：

综合实践活动是国家义务教育和普通高中课程方案规定的必修课程，与学科课程并列设置，是基础教育课程体系的重要组成部分。该课程由地方统筹管理和指导，具体内容以学校开发为主，自小学一年级至高中三年级全面实施。

我们应该把握这门课程的以下几个重要属性。

（一）综合实践活动是必修课

必修课，意味着综合实践活动与语文、数学、英语等课程同等重要，是“基础教育课程体系的重要组成部分”，是中小学的“主科”“正式课程”，并不是可有可无的，更不是“说起来重要，做起来可要可不要，忙起来完全不要”的课程。

综合实践活动作为一门新课程，在开始之初肯定会遇到困难。但是，作为必修课，其开设是必然的，否则就会影响教育目标的实现。所以，这门课程不能“设而不开”，成为仅停留在学生课程表上的一门课。

因此，中小学应该对这门课程给予高度重视，确保这门课程高质量实施。

（二）综合实践活动是与学科课程并列设置的跨学科课程

综合实践活动与学科课程是并列关系，学科课程不能替代综合实践活动。它不是学科课程的组成部分，不能视为某个学科教学的延伸，更不能与某个学科课程统筹安排。这意味着综合实践活动有独特的育人价值，有独立的主题、独立的内容、独立的

---

① 为确保《指导纲要》的先进性、针对性、可操作性，教育部在制定过程中主要做了三个方面的工作。

一是广泛调研。包括对有关地区和学校开展综合实践活动的典型经验进行了实地考察和系统总结，为《指导纲要》制定提供了现实依据；对相关政策文献进行了分析，特别是对 2000 年以来中共中央、国务院各有关部门单独或联合印发的、要求在中小学开展专题教育活动的 100 多个文件进行了系统梳理，以此作为提炼综合实践活动主题内容的直接参考；对 20 世纪 90 年代以来 9 个国家或地区的基础教育课程体系中相关课程设置与实施情况、最新发展动向等进行了研究，为《指导纲要》制定提供了有益借鉴。

二是专题研讨。先后召开 10 余次研讨会，围绕课程性质和基本理念、核心素养与课程目标、活动形态与要素、学校课程规划与教师指导、综合实践活动与学科课程、专题教育、综合素质评价的关系等关键性问题进行了反复研讨，使《指导纲要》能在理论上站得住、实践上行得通。

三是征求意见。召开由中小学教师、校长、教研员代表和有关高校、专业研究机构课程专家参加的座谈会，听取意见。通过网络征求各地中小学骨干教师、教研员及大学基础教育课程中心有关人员的意见和建议。还书面征求了各省（区、市）、中央有关部门（单位）的意见。提请教育部基础教育课程教材专家工作委员会进行审议。在对各方面意见进行梳理、汇总的基础上，对《指导纲要》进行了修改和完善。

（加强中小学综合实践活动课程指导，提升学生综合素质：教育部教材局负责人就《中小学综合实践活动课程指导纲要》答记者问［EB/OL］.（2017 - 10 - 30）［2024 - 05 - 18］. http://www.moe.gov.cn/jyb_xwfb/s271/201710/t20171030_317770.html.）

时间、独立的师资、独立的条件保障、独立的制度安排。

因此，还需注意的是，学科实践活动不等同于综合实践活动。从学科归属来说，学科实践活动是以特定学科知识学习为目的的，归属于特定学科，是学科课程的重要组成部分，是学科本位的实践活动。因此，学科是学科实践活动的本质属性，学科逻辑是其根本遵循。

综合实践活动是以多学科（两门学科以上）知识综合运用、综合素质提高为教育目的的课程，不归属于任何学科，不是学科课程。它是社会本位和经验本位的课程。因此，综合和实践才是其本质属性。

（三）综合实践活动实行三级管理模式

目前，综合实践活动课程实行三级（国家、地方、学校）管理模式。

国家（教育部）对综合实践活动课程进行宏观层面的管理，通过国家义务教育方案和普通高中课程方案把综合实践活动规定为中小学必修课程，并设定综合实践活动课程的目标、课时，颁布《中小学综合实践活动课程指导纲要》，开展综合实践活动课程师资培训等。

地方（省、市教育部门）对综合实践活动课程进行中观层面的管理，主要是统筹管理和具体指导。通过制定地方的课程管理和支持政策（如地方的课程计划、校外综合实践活动基地建设政策等）、制度，开展课程指导和评价、课程资源开发和利用等方式来履行管理职责。

学校对综合实践活动课程进行微观层面的管理。根据实际情况制定具体的综合实践活动课程管理制度，规划综合实践活动课程、支持综合实践活动课程师资发展、开发综合实践活动课程资源，为综合实践活动课程实施提供课程资源、配套硬件和基地、经费、安全等方面的体系化的保障。

这是当前我国唯一一门采取三级管理模式的课程。

综合实践活动课程的三级管理模式，至少明确了两点：

首先，综合实践活动是个性化的校本课程，其主动权和责任主要落在学校。因此，学校的课程开发和管理能力、课程实施的主动性和能力、课程领导力是综合实践活动课程成败的关键。

其次，国家、地方和学校应该各负其责，不能越俎代庖。地方应该统筹管理和具体指导之职责，但不能兼顾课程开发和实施。学校必须切实承担起课程开发与实施的责任。只有这样，综合实践活动的开设、实施和管理才能有序、有效地顺利推进。

（四）实施综合实践活动在中小学全覆盖

综合实践活动开设的学段涵括了小学一年级到高中三年级。也就是说，课程在所有年级全面实施，所有学生都需要全面参加这门课程的学习。综合实践活动覆盖全学段的要求，一方面体现了综合实践活动的重要性，反映出综合实践的不可替代性；另一方面，也体现了综合实践活动在全学段中的整体性。由于涉及跨学段的课程安排，地方需要加强该课程的统筹安排和指导，学校要加强该课程的规划和实施，避免课程开发和实施过程中出现资源浪费、效率低等问题。

三、综合实践活动的课程形态

根据综合实践活动的概念、性质和定位，我们可以发现，综合实践活动的课程形态是与学科课程不一样的。课程形态是课程存在的表现形式，反映了课程的目标、结构、功能等。课程本质决定课程形态。反之，通过课程形态的认识和研究，可以深化对课程本质的理解。

下面，我们通过分析综合实践活动课程与学科课程的区别来理解综合实践活动的课程形态。

（一）综合实践活动课程与学科课程的知识观比较

所有课程都离不开知识。但是，不同形态的课程的知识观不同。综合实践活动课程与学科课程知识观的差异，主要体现在它们对知识体系的要求有所不同。

综合实践活动课程是学校教育的一种组织形式和课程载体，知识学习必然是其目的之一，学生在参与综合实践活动课程过程中也必然会获取新的知识。但是，综合实践活动课程对知识体系没有做强调和要求。综合实践活动课程强调实践导向，以实践产生的问题激发学习需求，以解决实践问题为学习目的。因此，它强调直接经验的学习，学科知识（间接经验）系统学习不是它的主要目标。而且，由于实践中的问题都比较复杂，任何单一学科知识的学习和运用都难以有效解决这些问题，综合实践活动课程必然涉及多学科的多种知识的学习和综合运用。因此，综合实践活动课程无法要求课程所涉知识的完整性和系统性。

【案例 1-2】

铁生锈的问题

某位小学生发现学校大铁门去年才涂了漆，现在漆就陆陆续续剥落了，铁门暴露出来的金属部分已经生锈了。这位学生想：如何才能把铁门保护好，不让它生锈呢？

【案例点评】

这个案例里学生提出来的问题很常见。但是，这并不是仅凭单一学科的知识就能解决的问题。学生需要解决以下几个问题，并掌握相应的一些知识：

1. 铁为什么会生锈？（化学知识）

2. 铁门生锈受什么因素的影响？

（1）铁的成分（物理学知识）

（2）当地气候（气候学知识）

（3）人为因素（社会学知识）

……

3. 涂漆可以防止铁门生锈是什么原理？（物理学知识）

4. 原来涂的漆是什么成分？（物理学知识、化学知识）

5. 漆为什么会剥落？

（1）是因为漆的质量不好？（物理学知识、化学知识）

（2）是因为涂漆的技术不好？（物理学知识）

6. 如何保护铁门？

（1）改善漆的质量（物理学知识、化学知识）。

（2）改善涂漆技术（物理学知识）。

（3）加强铁门维护（社会学知识、物理学知识、化学知识）。

（4）使用其他技术（物理学知识、化学知识）。

尽管案例中涉及的知识非常丰富，但是从学科课程的角度来看，都是不完整、不系统的。

学科课程强调学科导向，以特定学科知识（间接经验）为学习的主要内容，以掌握特定学科知识为主要学习目的。因此，学科课程追求学习内容逻辑体系的严密性、全面性、系统性，同时也强调学生对某特定学科知识的系统学习。

以小学数学为例，小学数学课程不仅每一册教材的知识体系有严密的逻辑，不同学段的课程也有各自严密的知识体系，整个小学阶段数学课程知识的逻辑体系更清晰。学校教育要求学生必须系统地把这些知识全部学完，并且对没有系统学习这些知识的现象不予以认可。

因此，以系统知识学习为目的或者强调学生学习系统学科知识的课程或活动，都不是综合实践活动。

（二）综合实践活动课程与学科课程的学习内容比较

基于知识观的不同，两类课程在学习内容的安排方面也存在明显的差异。

综合实践活动课程的学习内容主要以非预设性资源为主。综合实践活动课程课前预设的学习内容较少，其主要目的是激发学生对某个主题活动的兴趣。随着课程的开展，根据实践的需要和学生发展的需要，课程内容会随时出现、发展、消失。实践需要和学生发展的需要会因实践场景和学生主体的不同，主次需要有所不同；课程内容也会因实践条件、学生主体需要的变化而有所取舍。教师和学生总要在活动过程中根据不同的需要，临时发现并确定学习内容。因此，活动过程中的学习内容是难以预设的。

学科课程所有的学习内容基本上都是预设性资源。学科知识是由相对固定的基本概念、基本原理、基本思想组成的，反映到具体学科教学上，学生需要先后掌握学科的哪些关键概念、哪些原理、哪些知识也都是相对稳定的。所以学科课程的学习内容是完全可以预设的。学科课程的学习内容的预设性主要表现为稳定的课程标准、稳定的学习目标、稳定的教材、稳定的课程包。

因此，以预设性资源为主要学习内容的课程或活动，不是综合实践活动。

（三）综合实践活动课程与学科课程的实施方式比较

综合实践活动课程与学科课程在实施方式上最大的差异在于前者强调个性化，后者推崇统一化。

综合实践活动课程的实施方式个性化是指不同的综合实践活动课程的活动时长、进度等不统一，综合实践活动课程的各个环节都有满足不同学生需要的个性化安排。换言之，综合实践活动课程注重学生发展过程中的个性需要，在课程开展过程、进展进度等方面也就必然不可能进行两两比较。

学科课程的实施方式统一化是指同一学科、同一年级的教学在不同班级和不同学生之间强调同要求、同进度。不同学生之间、不同班级之间的教学要求要保持一致，“超纲”教学和降低要求教学往往是不被允许的；不同学生之间、不同班级之间的教学进度也要基本保持一致，否则就会影响课程的同步管理，甚至影响课程标准的按时、全面实施。因此，在学科课程中，学生的个性化需求不会被特别重视，教师也不能因为个别学生的个性化需求而调整教学进度。

因此，强调实施方式统一化的课程或活动，不是综合实践活动。

（四）综合实践活动课程与学科课程的学习方式比较

作为学校教育的课程，综合实践活动课程与学科课程一样，都是围绕学生学习开展的。但是，学生在这两类课程中的主要学习方式却存在极大的差异。综合实践活动课程的主要学习方式是综合实践学习，学科课程的主要学习方式是学科文本学习。

综合实践学习是指学生在具体的实践场景中以多学科知识综合运用为基础，遵循实践逻辑，以解决实践中遇到的问题、实现实践目标为目的的学习方式。一方面，综合实践活动课程从问题出发、以解决问题为直接目的，不以获得系统知识为主要目的。问题解决了，一个完整的综合实践活动就结束了。另一方面，实践场景是完全开放的，时刻受到各种相关因素的影响而发生变化，因此，实践场景中产生的问题和实现实践目标的过程是复杂多变的。可见，综合实践学习本身也必然是复杂、综合的。

当然，作为学校教育的一种组织形式和课程载体，文本知识学习必然是综合实践活动的方式之一，学生在综合实践活动过程中也必然会获取新的学科知识。个别学生还会举一反三，对某个知识领域开展自主的系统学习。但是，在综合实践活动课程中，学生学习学科文本知识是围绕问题解决而展开的，是为解决问题服务的。学科文本学习是指学生以单一学科文本为基础和依据，遵循学科逻辑，以系统掌握某学科知识为目的的学习方式。学科知识是前人在实践基础上按照与实践逻辑有明显区别的学科逻辑编排而成的知识体系。学科逻辑相对于实践逻辑更为简单、清晰，因此，学科文本学习相对综合实践学习也较为单一。

因此，以文本学习为主、以掌握学科系统知识为主的课程，不是综合实践活动。

（五）综合实践活动课程与学科课程的教师角色比较

在综合实践活动课程和学科课程中，教师的角色也存在明显的不同。综合实践活动课程强调教师的指导者角色，要求教师发挥指导作用，指导学生获取直接经验，在生活中发现问题，制订活动方案，开展活动，寻找学习资源，利用学习资源，总结、提炼活动成果。为了更好地发挥指导者角色的作用，教师不可避免地会在指导过程中传授知识。但是，传授知识，尤其是系统性地传授知识，只是指导的必要补充。

在学科课程中，老师的主要角色是教学者，这要求教师以间接经验的形式把知识在有限的时间内高效率地传递给学生。教学者角色要求教师把学科知识教得全面、系统、高效。

因此，以教师“教”为主的课程，不是综合实践活动课程。

（六）综合实践活动课程与学科课程的实施时空比较

课程需要在特定时空中实施。综合实践活动课程的实施时空与学科课程的实施时空有着很大的差异。

综合实践活动课程的实施时空是灵活的。实施时空的灵活性是指综合实践活动课程可以根据学生发展的需要和活动开展的需要，突破班级授课制的时空限制。综合实践活动课程可以突破课堂时间限制，既可以在课堂时间进行，也可以在课外时间进行；不同的综合实践活动课程的时长各有不同，也不受学时限制。综合实践活动课程可以突破教室、学校的空间限制，既可以在教室内、校内开展，也可以在教室外、校外开展。

换而言之，综合实践活动课程不排斥课堂时空，可以选择课堂作为其活动的时空之一，但是，综合实践活动课程不能仅仅局限于课堂时空，课堂时空不是综合实践活动课程唯一的活动时空或者不得不选择的活动时空。

学科课程实施时空则是相对固定的。因为学科课程实施采取的组织形式主要是班级授课制，其运作时间规限在课内，运作空间局限在教室里。即使学科活动课也难以突破。

因此，局限于课堂时空的课程或活动，不是综合实践活动。

（七）综合实践活动课程与学科课程成果的表达方式比较

综合实践活动课程成果的表达方式非常丰富、多元，例如戏剧、手工作品、书法、绘画、音乐、相声、计算机作品、论文、调研报告等，书面表达只是众多表达方式中的一类。综合实践活动课程成果的表达方式由学生根据活动的内容、过程、成果、体会以及学生自身的特长和兴趣决定。例如，学生如果擅长于用音乐来表达自己的感受，那他/她就可以通过音乐的形式来展示他/她的活动成果。

学科课程成果的表达方式相对简单，且以书面表达为主。例如考试成绩、书面练习（作业）成绩等。

因此，课程成果的表达方式局限于书面的课程不是综合实践活动。

我们看下面的案例。请同学们根据前面所介绍的综合实践活动的课程形态，判断下面的案例是不是综合实践活动课程。

【案例 1-3】

《漫游古诗王国》活动方案①

活动目标：通过古诗竞猜、游戏等活动，巩固古诗知识。

活动准备：

1. 让学生背诵 1~2 首古诗，作为此活动的积累。
2. 将全班同学分成 4 个小组。
3. 准备活动用的若干资料。

活动过程：

1. 配乐，按学号背古诗。
2. 游戏——过关斩将夺冠军。
3. 听录音了解古诗。
4. 抢答——接诗句，说作者。
5. 打擂台背古诗。
6. 游戏——古诗大转盘。
7. 总结、发奖。

① 顾建军. 小学综合实践活动设计［M］. 2 版. 北京：高等教育出版社，2011：115.

【案例点评】

这是一个活动。但是，这不是综合实践活动。

第一，从形式来看，活动不等于综合实践活动。活动的种类很多，综合实践活动只是其中的一个种类。因此，并不是所有的活动都是综合实践活动。

第二，从目标来看，这个活动的目标是语文单一学科目标。这个活动的目标是“巩固古诗知识”，只涉及语文单一学科知识的学习。

第三，从内容来看，这个活动的内容是系统化的古诗知识，以古诗为中心，系统地延伸出古诗背诵、古诗内容、古诗作者等内容。

第四，从活动结果来看，这个活动成果是预设性的。这个活动通过特定的内容，实现语文单一学科“巩固古诗知识”的预设目标，因此，活动结果必然是预设的。同时，也正是因为内容特定、结果预设，活动过程必然无法满足学生个性化需求。

所以从课程形态的这个角度来看，这个活动不是综合实践活动，它只是语文学科活动。

第二节　开设综合实践活动课程的背景

了解开设综合实践活动课程的背景，有助于我们理解综合实践活动课程的理念。

一、开设综合实践活动课程的社会背景

20 世纪末以来，国际社会面临着全球化、信息化（智能化）的局面，变化越来越快、越来越复杂。这种局面被准确概括为“百年未有之大变局”。为应对国内国际形势，习近平新时代中国特色社会主义思想提出了马克思主义基本原理的“两个结合”，即马克思主义基本原理同中国具体实际相结合、同中华优秀传统文化相结合，明确了以中国式现代化全面推进中华民族伟大复兴。

在这样的背景下，新时代向社会成员提出了相应的新的要求，并要求教育落实立德树人的根本任务。

（一）全球化要求社会成员具备全球化意识和全球治理能力

全球化是人类社会发展的必然产物，是不同群体共存与发展的结果。全球化的趋势不可逆。尽管最近数年存在逆全球化的思潮和势力，但是，这些思潮和势力也是基于全球化背景产生的。本质上，逆全球化的思潮和势力只是一种新兴的全球化认知和

应对行动，是全球化意识发展的结果，并没有导致全球化意识变淡薄。但是，逆全球化思潮和势力必然给全球治理带来更多更复杂的问题，对全球治理提出了更多更高的要求，进一步凸显了全球治理的必要性和重要性。因此，逆全球化思潮和势力并没有弱化全球治理，反而导致全球治理的加强。

全球化既是以经济全球化为先导的，又是以经济全球化为基础的。全球化肇始于人类社会早期的国际交往和贸易。丝绸之路、茶马古道都是全球化的典型表现。随着行动和交往的便捷化，人类的活动范围不断扩大、交往内容不断深化，以经济交流为核心主题和基础的现当代全球化日益频繁和凸显，甚至成为当代的基本特征。

全球化必然伴随着不同经济体、不同民族、不同文化、不同价值观之间的交流、融合和冲突。因此，在享受全球化带来利益的同时，人类也备受全球化带来的各种问题的困扰。正是在不断解决这些问题的过程中，人类的全球化意识逐步形成、全球治理能力逐步提高。

全球化给人类社会带来的核心问题是不同民族（群体）的共存与发展。这个核心问题表现在宏观上是价值观交流融合问题，表现在中观上是全球治理问题，表现在微观上是具体场景的规则共建、冲突，发展共治，发展成果共享的问题。为此，中国人民贡献的全球治理的最佳方案是构建人类命运共同体。

全球化必然需要面对以下三个关键问题。

1. 身份认同问题

出于自身传承发展的需要，每个社会或民族都希望其成员能够认同本社会或本民族的文化和价值观，进而认同社会成员或民族成员的身份。一旦社会和民族的文化和价值观被消融，社会和民族也就消亡了。于是，在全球化的背景下，社会和民族更加强调其成员对自身的价值体认。

但是，全球化必然导致三个趋势。

第一个是民族和社会价值体认逐渐解构。随着不同文化和价值观交流融合，必然会出现文化和价值观选择多元化、独特文化和价值观消融等现象，进而解构身份认同的基础。

不同文化和价值观交流融合，使人们能接触到各种不同的文化和价值观。对文化和价值观的选择渐趋多元，任何一个社会和民族成员都可以无障碍地选择、认同其他社会或民族的文化和价值观。换言之，原生文化和价值观不再是唯一可选择和认同的对象。这给原生文化和价值观的选择和认同带来了危机。

第二个是不同文化和价值观之间互相消融和趋同。这种现象在共同建构合理的全球治理规则方面尤其突出。为了使全球治理规则得到不同社会和民族的认可和执行，不同社会和民族在努力寻找共同认可的价值观作为基础。这导致不同社会和民族在全球治理过程中特别强调文化和价值观的一致性而忽略了差异性，导致各个社会和民族的文化和价值观的特殊性逐渐淡化。这给各种文化和价值观的民族性和独立性带来了危机。

第三个是人类迫切需要新的全球身份认同。面对众多全球性问题，仅仅站在某个社会和民族的立场是难以解决的。更重要的是，全球化使得不同社会和民族之间形成了一个不可逆转的“你中有我，我中有你”的关系，在全球性问题面前，任何国家都不可能独善其身。因此，人们迫切需要一种新的全球身份认同。

全球身份认同是难产的。一方面，每个个体难以摆脱自身所在的社会和民族，他/她不得不站在自身社会和民族的立场，争取和维护自身社会和民族的利益。但是，任何个体都无法仅从自身社会和民族利益出发产生全球身份认同。换言之，某个特定的社会和民族利益不可能成为全球身份认同的生发点和逻辑起点。另一方面，文化多样性是人类可持续发展的基础。正如 2001 年 11 月 2 日召开的第 31 届联合国教育、科学及文化组织大会通过的《世界文化多样性宣言》（*Universal Declaration on Cultural Diversity*）强调的，“文化多样性是交流、革新和创作的源泉，对人类来讲就像生物多样性对维持生物平衡那样必不可少，从这个意义上讲，文化多样性是人类的共同遗产，应当从当代人和子孙后代的利益考虑予以承认和肯定”①。

构建人类命运共同体的理念是习近平新时代中国特色社会主义思想反复强调的关于人类社会的新理念。2011 年出版的《中国的和平发展》提出，要以“命运共同体”的新视角，探索人类的共同利益和共同价值的新内涵。构建人类命运共同体被国际社会高度认可，曾多次被纳入联合国大会相关决议。

人类命运共同体理念，是全球身份认同、真正实现全球性问题有效、和平化解的基础，是全球身份认同的坚实的出发点和逻辑起点。它让人类认识到，不同的社会和民族在追求自身发展时需要兼顾其他民族和社会的合理关切。深刻认识全球社会是不同民族和社会相互依存的命运共同体，建构全球治理新格局，实现人类社会可持续发展，这不仅是人类的共同利益，也是全球的共同价值观，是全球身份认同的坚实基础。

因此，社会成员应该适应全球化大趋势，树立人类命运共同体意识，构建积极的全球化身份认同。

① 联合国教科文组织. 世界文化多样性宣言［DB/OL］.（2013-08-28）［2024-01-05］. http://www.un.org/chinese/hr/issue/docs/62.pdf.

2. 全球治理问题

随着全球化深化发展，很多社会问题也逐步蔓延全球或者被人们站在全球化角度重新认识。而且，全球化也“已成为引发一系列问题的首要因素”[①]。治理问题全球化呼唤全球治理。1992 年，在德国前总理威利·勃兰特的倡议下，由瑞典前首相英瓦尔·卡尔松等 28 位国际知名人士共同成立了全球治理委员会（The Commission on Global Governance）。他们积极倡导和宣传全球治理理念。

全球治理委员会认为，“全球治理是公私机构管理其共同事务的诸多方式的总和。它是使相互冲突的或不同的利益得以调和，并且采取联合行动的持续的过程”[②]。全球治理的内容包罗万象，范围不一，深度不一。当前全球较为关注的全球治理主题主要包括了全球安全、生态环境、国际经济、跨国犯罪、基本人权等。

由此可见，治理是一个利益和行动协调的过程。这个过程目前无统一的制度安排可以作为依据，更需要因人、因事、因情、因景而异的实事求是的持续交流和互动。每一位社会成员，无论是代表个人还是代表组织，既是全球治理的主体，又是全球治理的客体。换而言之，社会成员既要学会如何参与全球治理，又要学会如何配合全球治理。

因此，社会成员不仅要具备相应的价值观、伦理观，还需要具备相应的技能。

3. 可持续发展问题

可持续发展问题的提出就是以全球化和全球治理为背景的。1987 年，世界环境与发展委员会（WCED）发表的报告《我们共同的未来》正式使用了“可持续发展”的概念，并对这个概念进行了系统的阐述。

《我们共同的未来》认为，可持续发展就是“既满足当代人的需要，又不对后代人满足其需要的能力构成危害的发展”。因此，可持续发展的关键词是“需要”“效益”和“控制”。

第一个关键词是“需要”。当前世界各国人民的基本需要应放在特别优先的地位来考虑，而且，人们的基本需要会随着社会发展而日益增长。

第二个关键词是“效益”。人们在满足当前需要的过程中，要通过生产力提高和管理改善降低生产成本、社会运作成本，减少自然资源浪费，以高效满足当前人们的基本需要。

第三个关键词是“控制”。由于人们基本需要的增长和当前技术水平有限，出现

---

① 拉葛雷. 青年与全球化：现代性及其挑战［C］. 北京：社会科学文献出版社. 2007：2.

② 卡尔松，兰法尔. 天涯若比邻：全球治理委员会报告［R］. 赵仲强，李正凌，等译. 北京：中国对外翻译出版公司，1995：2-3.

了当前的社会发展对满足后代人需要构成危害的情况。因此，我们需要对当前的发展加以控制。否则后代人将失去生存和发展的基础。

人们一般把可持续发展的关注点放在社会可持续发展、生态可持续发展、经济可持续发展三个方面。要实现可持续发展，我们至少需要谨慎处理好以下几对重要关系：人与人的关系、人与社会的关系、现代人与历史人的关系、现代人与未来人的关系、人与自然的关系。换而言之，可持续发展要求社会成员处理好这些关系，并承担相应的责任。人要为他人担当责任，要为社会担当责任，要为历史承担责任，要为未来人类承担责任，要为自然承担责任。

因此，社会成员要在全球化背景下，把可持续发展理念、责任和要求落实到全球治理的方方面面。

（二）信息化要求社会成员具备信息社会生存能力

“信息社会”（information society）也被称为“信息化社会”，是以电子信息技术为基础、以信息和知识为基本发展资源和战略资源、以信息服务产业为基本产业、以数字化和网络化为基本社会交往方式的新型社会。

“信息社会”这个概念源于日本学者提出的“情报社会”一词。美国学者约翰·奈斯比特在《大趋势：改变我们生活的十个新方向》中首先对“信息社会”作出准确的概括，并且用这个概念来描述未来社会①。奈斯比特认为，人类进入信息社会的重要标志有两个：第一个是 1956 年，美国从事技术管理和事务工作的白领工人的人数首次超过了蓝领工人；第二个是 1957 年，苏联发射了第一颗人造地球卫星，展现了信息革命全球化的前景。信息社会逐渐被人们认为是继农业社会、工业社会之后的第三个社会发展形态。毫无疑问，我们今天正处于信息社会。

全球化促进了新的信息技术发展，新的信息技术缩短了全球范围内信息获取和处理的时间差，又助推了全球化。换言之，不可逆的全球化为社会高速信息化提供了源源不断的动力，信息化又为全球化提供了必不可少的支撑。

但是，信息社会面临着多重复杂性极高的挑战。

1. 信息生产缺乏可控性

信息被作为重要战略资源的原因之一是信息可以解决人类认知方面的缺陷，减少认知不足带来的不确定性。因此，信息的真实性、准确性是信息作为重要战略资源的前提。

但是，信息生产缺乏可控性。信息生产源于每个人的表达，而表达是每个人的本

① 崔保国. 信息社会的理论与模式［M］. 北京：高等教育出版社，1999：2.

能和权利。当人们出于不同目的、使用不同的语言、借用不同的媒介来表达信息时，必然会出现信息真假难辨、相互矛盾、价值良莠不齐的情况。

随着信息技术发展，人们使用更为先进的信息技术生产和传播信息。这使得信息传播的力量更大、范围更广，每一次信息传播又可以引发更多信息生产，从而形成信息浪潮和信息海洋。种种因素叠加，导致信息生产的不可控被不断放大，信息质量不可控。这给信息的有效传播和高效利用造成了极大的障碍。

在信息的大海里，我们如何生产、收集、提炼和筛选有价值的信息并且加以利用？这是一个很重要的问题。如果我们没有处理信息的能力，不会提炼和筛选有价值的信息并加以利用，就有可能会被虚假的信息所误导。被虚假信息误导的后果可大可小，在关键时刻，信息处理能力甚至可能会影响到个体和社会的存亡。

因此，有价值的信息的生产、收集、处理是信息社会里每个成员必备的重要技能。

2. 信息安全保护的重要性日益凸显

信息安全保护是在信息传递、存储和使用过程中加强技术管理和维护，加强信息使用和使用者管理，以保护信息不会遭到破坏、更改、泄露和恶意使用。

信息在国家安全、社会稳定、经济发展和个人生活中的重要性越来越突出。这些领域的信息在传递、存储、使用过程中的泄密和滥用带来的灾难性后果也不断加剧。信息泄密和滥用会导致国家安全、商业秘密、个人隐私、知识产权等被侵犯。

信息安全涉及技术和人两个方面的问题。

就技术层面而言，信息安全保护是信息技术发展的永恒主题。尽管随着信息技术的发展，信息传递和存储所涉及的硬件、软件的保护技术也不断提高，但是，信息技术窃取、硬件软件破坏的技术也在不断升级。

就人的层面而言，信息安全保护是信息伦理的永恒话题。由于信息使用者的目的千差万别，人们无法保证信息使用者不会恶意使用信息；由于信息使用者的水平或者重视程度有差异，人们无法保证每个信息使用过程不存在信息安全风险。

为了确保信息安全，社会成员应该有信息安全的意识，掌握基本的信息安全技术，遵循信息安全的伦理规范。

3. 信息技术高速发展

在信息社会里，承载信息的设备和处理信息的技术非常重要。信息技术（设备）的高速发展呈现了三个基本特征：第一，信息技术的发展越来越快，更新迭代周期越来越短。正如我们所看到的那样，其发展一日千里。从电子邮件到即时通信，从工业机器人到人工智能（AI）及其迭代，均是如此。第二，信息技术呈现着百花齐放、百家争鸣的景象。同类的信息技术层出不穷，竞争非常激烈。如导航技术，有美国研制的GPS系统（全球定位系统），欧洲的伽利略系统、俄罗斯的GLONASS系统和我国的北斗导航定位系统，人工智能工具、网络搜索引擎等更是多如牛毛。第三，信息技术的渗透速度越来越快。信息技术的发展和对社会的渗透越来越快，甚至在很多方面，人类还没有做好准备，就不得不面对信息技术的肆意“入侵”。以AI发展为例，AI的功能从最初的文字处理到图像、视频处理，发展到生活领域、工作领域的功能，只用了非常短的时间。而AI对生活领域、工作领域的渗透也越来越快，从最初生活工作的助手，到完全替代人类的工作，甚至成为战争杀手，其速度也让人类猝不及防。面对AI的发展，不管在信息技术使用、信息搜集处理等方面，还是在伦理规范、信息安全等方面，人类都还需要适应。

因此，信息技术本身也形成了强大的浪潮，不断地选择和学习适当的信息技术、规范安全使用新信息技术也成了人们不得不面对的问题。为此，人们一方面要进行终身学习，另一方面要因信息技术发展创新而遵守相应的伦理法规。

首先，信息社会要求人们树立终身学习的意识。信息技术更新迭代日益密集化、高速化，信息技术创新呈爆炸式增长。新的信息技术普及应用的周期也因此大幅缩短。人们只有掌握了新的信息技术，才能更高效地应对信息社会的挑战。因此，人们需要充分认识终身学习的重要性，树立终身学习的意识。

其次，信息社会要求人们具备终身学习的能力。就信息技术学习而言，人们需要具备的终身学习能力不仅包括观察能力、注意力、记忆力、思维能力、想象力、语言表达能力、创造力、理解力、运算能力等一般学习能力，还应该包括信息技术专门学习能力，如信息技术（学习内容）选择能力、信息搜集能力、信息处理能力、信息创新能力、信息设备使用能力、信息设备维护能力等。在这里需要特别强调的是，在信息技术高速发展的信息社会里，学习者选择信息技术的能力是非常重要的。人们要不断选择对自己工作、学习和生活有价值的信息技术并加以学习，而不能不加判断和选择地无休止地学习所有信息技术。

最后，信息社会要求人们掌握终身学习的方法。学习信息技术至少要掌握选择学习内容、提高学习效率、实现学以致用三类方法。

选择学习内容的主要方法是坚持问题导向。学习信息技术的第一步就是学会如何在纷繁复杂、令人眼花缭乱的信息技术中选择自己需要学习的内容。对于非信息技术专业的人来说，信息技术是生活、工作的工具，学习信息技术是为了解决生活、工作中的问题，因此，选择学习内容要从生活、工作问题出发，以解决生活、工作问题为依归，把那些能帮助自己解决问题的信息技术挑选出来。

提高学习效率的主要方法是坚持做中学。在瞬息万变的信息社会里，离开了学校的人们难以集中大量的时间用于学习，而且个体的学习速度已渐渐赶不上信息更新迭代的速度。因此，人们不可能等到把已有的信息技术知识学习完了再去行动。更何况，信息技术知识可深可浅。例如对于电脑操作系统而言，人们可以简单学会系统操作，也可以深入学习软件开发甚至系统修改。对人们需要学习到什么程度，主要的判断依据是学到的知识是否解决了生活、工作问题。换而言之，行动是提高学习效率的重要方法。因此，人们需要一边学习一边行动。

实现学以致用的主要方法是坚持行动效果导向。行动效果是检验学以致用效果的唯一标准。如果学习者所学无助于改善行动质量、提高行动效率，那么学习是无效的。换而言之，学习者应该从行动目的出发，根据预设的行动效果和自身信息技术能力来确定需要学习的内容和行为，而后又通过行动效果来调整学习内容和学习行为。

（三）知识经济化要求社会成员具备知识创新能力

知识经济化是指知识直接成为社会分配的重要影响因素的现象。知识经济化是人类社会自古以来就存在的现象，并且，人类努力把这种现象制度化。以智力劳动为主的阶层的出现就是这种现象制度化的结果之一。随着知识突破阶级的藩篱，为普罗大众所拥有，知识在更大范围内、更大程度上影响了经济形态。同时，随着知识体系的核心由原来的人文知识逐渐转变到科学知识，知识对经济形态的直接影响力越来越大、影响越来越深远。于是，就形成了知识经济社会①。经济合作与发展组织（OECD）在1996年的专题报告《以知识为基础的经济》（*Knowledge-based Economy*）提出和界定了“知识经济”这个概念。该报告认为，知识经济是“直接以生产、分配和利用知识与信息为基础的经济”。

可见，知识经济社会是知识经济化的必然产物，是知识经济化现象较为集中和凸显的特定历史阶段。

在知识经济的影响下，社会成员需要拓展知识观，提高知识学习能力，运用知识直接影响经济发展。

1. 社会成员要拓展知识观

经济合作与发展组织在《以知识为基础的经济》专题报告中，把知识经济的知识分为四类：知道是什么（know—what）、知道为什么（know—way）、知道怎么做

---

① 现代哲人对当前社会发展阶段有多种称谓，例如信息社会、后工业社会、知识经济社会等，每种称谓都有其观察立场和视角，也都高度且深刻地概括了当前社会发展阶段的某个方面的特点，有其合理性和不可替代性。但是，这些称谓都未能完整、全面地描述当前社会发展阶段的本质特征。

（know—how）和知道谁有知识（know—who）①。

在人文知识为知识体系核心的社会发展阶段，社会成员对“知道怎么做”和“知道谁有知识”是不够关心的。到了知识经济时代，只有在人们“知道怎么做”“知道谁有知识”的情况下，知识才能真正发挥其经济价值。因此，在知识经济之下，人们的知识观要有所拓展。

2. 社会成员要提高知识学习能力

知识经济之下，知识为普罗大众所拥有。一方面，普罗大众在任何知识运用的场合都在传播知识。知识传播变得更加容易。当然这也可能导致知识传播行为失范和知识的错传、误传。另一方面，正因为普罗大众都具备了获取知识的权利，接受教育的需求创造了强大的知识传播市场。但是，一旦某些极具经济价值的知识被普罗大众普遍获取，又会影响这些知识所有者的利益最大化。于是，教育市场化、产业化，知识产权化、专利化等社会制度就出现了，知识传播受到了人为阻碍。

在这种情况下，一般的知识获取需要人们具备较强的知识甄别能力，在学习过程中去粗取精、去伪存真。极具经济价值的知识获取，需要人们具有较强的知识收集、整合、习得和创新能力，在学习过程中不断提高知识的经济价值。

3. 社会成员要提高知识运用能力

知识经济之下，知识的运用是核心。因为知识只有在运用过程中才能对经济产生影响。因此，人们不能再像古代人那样，只注重学到了多少知识，只满足于当知识的容器，而是要注重知识的运用以及在知识运用过程中解决问题的实效。

满足于当“图书馆”的社会成员必将被时代淘汰。

二、开设综合实践活动课程的国内学校教育背景

改革开放以来，我国基础教育取得了辉煌成就，基础教育课程建设也取得了显著成绩。但是，我国基础教育总体水平还不高，原有的基础教育课程已不能完全适应时代发展的需要。

（一）课程教学目标单一

课程教学目标往往偏重知识的教和学，对学生的能力培养重视不够。对学生综合运用学科知识解决生活实际问题能力的培养，也未受到普遍重视。于是新一轮基础教育课程改革提出要打破课程教学的单一目标，培养学生的综合素质。

---

① 张兴野. 知识经济的内涵、特征及其给社会经济带来的影响［J］. 工程管理学报，1998（3）：19-21.

（二）教学内容和教学方法脱离社会和学生生活实际

新的知识需要在学生生活和学生已有的知识结构中找到牢固的生发点。但是，有些知识要么在社会生活中不曾出现，要么与生活实际相悖。使得学生对这些教学内容一知半解甚至无法理解，新的知识无法真正融入学生的知识体系，无法参与学生新的知识系统的建构，无法在学生的认知中产生意义。于是，学生就不得不通过死记硬背的方法来记住这些教学内容，并参加考试。考完试之后，学生就容易把所学的知识“还给”老师。所以新一轮基础教育课程改革提出，中小学课程教学应该面向学生个体生活和社会生活，让学生把所学到的知识跟他的个体生活和社会生活联系起来，建构新的知识体系和意义。

（三）学生的学习方式单一

长期以来，在我们的中小学课程教学中，学生的学习方法相对比较单一，都是在课堂里听老师讲，做好笔记，然后背诵笔记，参加考试。一方面，学生实践的机会很少，不懂得所学知识在实践中如何运用。另一方面，学生参加的考试绝大部分都是给定标准答案的考试。考试的标准答案往往对学生的思维进行了直接的框定，不允许学生有超越标准答案的思考。所以新一轮基础教育课程改革认为，教育应该在最大限度上废除和突破标准答案，鼓励学生主动通过实践来学习，尊重学生生成性知识的获得。

（四）学习评价方式单一

传统的学习评价方式主要是标准化考试。这种评价方式是不够全面、不够系统的，以统一的评价参照标准对学生进行单一化、标准化的评价，完全忽略了学生在学习过程中的表现，也容易忽略学生相对于自身的进步，因而也是不够客观的。所以新一轮基础教育课程改革提出，教师对学生的学习评价应该是多元化和综合化的。所谓多元化主要是指评价主体的多元化、评价手段的多元化。所谓综合化主要是指评价指标的综合化，倡导对学生知识与技能目标，过程与方法目标，情感、态度与价值观目标等进行综合性评价。

【案例 1-4】

高考后的撕书大战

每年高考结束后，高三学生撕书大战都会上演，相关的新闻就会不断地进入公众视野。

无论是高考前紧张的冲刺阶段，还是高考后的彻底放松，似乎“撕书”成了一些毕业生离开校园的动作。几乎每个人的青春都曾这样走过，都经历过走上高考战场的紧张和忙碌，心理的躁动让很多人“压力山大”，因此这样的宣泄行为可以理解，至少可以缓解一部分压抑的情绪。

【案例点评】

书本代表知识，代表12年中小学的学习和生活经历。无论如何，书本都不应该成为情感宣泄和压力释放的对象，撕书不应该成为情感宣泄和压力释放的途径。换而言之，书本成为情感宣泄和压力释放的对象、撕书成为情感宣泄和压力释放的途径，不仅反映了部分学生对书本、对知识、对12年中小学学习和生活经历的错误认识，也折射出中小学教育存在亟需改革之处。

三、综合实践活动课程的国外同类课程

（一）美国的同类课程

美国的教育管理权隶属各州。因此，各州具有各自的课程标准，它们对综合实践活动类课程的称谓及为此设置的课程标准也各不相同。较有代表性的同类课程有如下四种。

1. 科技与社会研究（studies of science，technology and society，即STS课程）

设置该课程的初衷是改变科学和技术分离，科学、技术和社会脱节的状态，使科学、技术更好地造福于人类。

该课程强调从学科以外的领域确定活动主题，提高学生的探究能力、培养学生的科学精神和社会责任感、提高学生综合实践能力。

该课程的内容具有综合性、课程目标具有多元性、情境性和实践性，课程实施具有灵活性等特点。

2. 设计学习（project or design learning，即PDL课程）

设置设计学习课程主要是为了解决学生学习主动性的问题。设计学习强调学生对自己作业的主动性、对自己学习进度的自由掌握以及应用知识和技能解决生活中的现实问题。

设计学习要求学生以问题为导向自主设计课题，并在教师指导下进行实践操作。但是，由于设计学习课程在儿童中心教育观的影响下过于强调学生的直接经验和主观观念，反对学科知识，其局限性是显而易见的。

3. 社会参与性学习（social participating learning）

社会参与学习要求学生在参与社会生活、接触社会现实的基础上，了解、学习社会历史文化、生活方式、社会现状等。

4. 服务学习（service learning）[①]

服务学习课程设置的主要目的是发展技能和加深对学术内容的理解，训练学生四个 R 的能力[②]，把学生培育成为好学生和好公民。

为此，全美服务学习委员会建议将学生的社区贡献纳入学习成绩，各级教育行政部门和学校要运用多种措施如“表现评定”和“档案袋”来评定学生的服务学习。

（二）欧洲的综合实践活动类课程

欧洲的综合实践活动类课程与美国的大同小异。但法国的综合学习课程稍有不同。综合学习课程要求学生通过多种不同的学习方式学会综合应用多学科的知识和技能。

（三）日本的综合实践活动类课程

日本于 1998 年 12 月颁布的小学课程标准规定，小学三年级以上的每个年级平均每周开设两课时的综合学习实践课程，以培育学生生存能力。2022 年，综合学习实践课程改称“综合学习课程”（integrated learning programme）。

综合学习课程的目标主要有三个：培养儿童独立发现问题、独立学习、独立思考、自主判断和有效解决问题的能力；拓宽学习范围，深化思考能力，培养儿童自主地、创造性地参与探求活动的精神，以更好地认识自身的生存价值；让儿童对各科目以及有关道德的内容和特别活动中所掌握的知识技能触类旁通，并将其活用于学习和生活，最终使儿童能够融会贯通地应用所学的知识和技能[③]。

综合学习实践课程没有具体的内容和教材，但是规定了主要的学习领域。这些领域以课题的形式出现在综合学习实践课程中，包括国际理解教育、信息教育、环境和福利教育、健康教育、学生感兴趣的其他有关学校和社会的课题。这些课题凸显了实践性和时代性。

---

① 杜建群. 综合实践活动课程理论与实践［M］. 北京：北京师范大学出版社，2014：11-13.

② 即读（reading）、写（writing）、算（arithmetic）和责任（responsibility）。

③ 杜建群. 综合实践活动课程理论与实践［M］. 北京：北京师范大学出版社，2014：18.

第二章

小学综合实践活动课程的目标和内容

学习目标

1. 理解小学综合实践课程的目标体系。
2. 掌握小学综合实践活动内容选择与组织的五个原则。
3. 掌握小学综合实践活动的四种主要活动方式。

我们这一章学习的主要内容是小学综合实践活动课程的目标和内容。掌握了课程目标和内容，我们才能对课程的实际操作有较好的整体把握。

第一节　小学综合实践活动的课程目标

一、综合实践活动课程的总目标

根据教育部颁布的《中小学综合实践活动课程指导纲要》，综合实践活动课程的总体目标是：

学生能从个体生活、社会生活及与大自然的接触中获得丰富的实践经验，形成并逐步提升对自然、社会和自我之内在联系的整体认识，具有价值体认、责任担当、问题解决、创意物化等方面的意识和能力。

这个目标是从小学一年级开始到高中三年级结束 12 年的综合实践活动课程的总体目标。也就是说，这 12 年的综合实践活动课程就是要围绕这个总目标开展。

这个目标，可以从四点去解读。

（一）综合实践活动要以学生的生活为依托

学生的生活包括学生的个体生活、学生的社会生活、学生与大自然相处的生活。不管是实践经验，对各种关系的内在联系的整体认知，还是四个维度的意识和能力的形成和提升，都必然要以三类生活为依托。因为学生的生活是学生实践的全部，实践经验无疑都是来自学生的生活；各种关系及其复杂性只有在生活中才能得到真正的、全面的展示；四个维度的意识和能力只有在生活中才能形成、提高和检验。这是实现综合实践活动课程目的的大前提。

（二）综合实践活动要引导学生获得丰富的实践经验

生活并不意味着能形成有价值的经验，因为从生活到经验需要通过个体的思考和凝练。综合实践活动要引导学生获得丰富的实践经验，应该坚持问题导向，从生活中发现问题、提炼综合实践活动的主题和内容，在生活中解决生活的问题。这是综合实践活动经验（知识）层面的目的。

（三）综合实践活动引导学生正确认识自然与自我、社会与自我、自然与社会的双向关系，并对三者的内在联系形成整体认知

在关系中认识关系，这是最基本的原理。因此，综合实践活动应该在学生的生活中向学生充分展示这些关系，并引导学生在实践中体悟这些关系的复杂性，提高处理这些关系的能力。这是综合实践活动世界观层面的目的。

（四）综合实践活动要增强学生四个维度的意识、提高四个维度的能力

意识作为精神范畴，取决于客观世界，是个体作用于客观世界（实践）的产物。能力形成于实践，也是决定个体实践效率的重要因素，其大小强弱必然需要通过个体实践来加以检验。而且，这四个维度在学生身上体现为一个整体，相互制约、相互促进，在学生发展过程中可以实现“牵一发动全身”的效果。因此，综合实践活动应该充分利用实践在这四个维度的意识和能力的生发点，找到合适的切入点，促进培养学生四个维度的和谐发展。

二、小学综合实践活动课程的学段目标

任何一门课，除了有总的目标之外，也必然应该有每个学段的学段目标。我们的综合实践活动课程也一样。

除了上述总目标之外，每个学段都有相应的学段目标，小学阶段有小学学段的目标，初中阶段有初中学段的目标，高中阶段也有高中学段的目标。每个学段目标的方向与总目标是一致的，每个学段目标的达成是为总目标的实现奠定基础的。但是，每个学段的目标又体现了每个学段学生的身心特点和能力水平。每个学段的学生的身心特点和知识储备都是不一样的，因此每个学段的目标也是不一样的。那么我们现在来看看综合实践活动小学阶段的学习目标是什么。根据教育部颁布的《中小学综合实践活动课程指导纲要》，小学综合实践活动课的目标分为四个方面，当然其他的几个学段的这个目标也是按照这四个维度来表述的。请大家记住，在综合实践活动方案里面所表述的目标，也应该按照这四个维度来。

（一）价值体认

在上一章，我们分析了时代发展对社会成员的内在要求。在分析全球化对社会成员的要求时，我们指出每个社会和民族都对自己的社会成员提出了价值体认的要求。在小学阶段价值体认要求所有的小学综合实践活动都要达到什么目标呢？《指导纲

要》提出："通过亲历、参与少先队活动、场馆活动和主题教育，参观爱国主义教育基地等，获得有积极意义的价值体验。理解并遵守公共空间的基本行为规范，初步形成集体思想、组织观念，培养对中国共产党的朴素感情，为自己是中国人感到自豪。"在这个目标里，我们需要注意"亲历""参与""参观""获得……体验""理解并遵守……基本行为规范""初步形成"等用词、用语。这些用词、用语都是符合小学生身心特点的，这些要求都是小学生力所能及的，小学生只要作出适当的努力就完全可以实现。因此，这些目标和要求并不高，设置得非常合理。

（二）责任担当

上一章在分析时代发展对社会成员的内在要求时，我们分析了可持续发展的理念以及可持续发展要求社会成员要有责任担当。《指导纲要》也明确提出了责任担当的目标："围绕日常生活开展服务活动，能处理生活中的基本事务，初步养成自理能力、自立精神、热爱生活的态度，具有积极参与学校和社区生活的意愿。"在责任担当方面，小学阶段的目标也是与小学生的年龄特点相适应的。这些要求不是让小学生切切实实地去担当某些责任，而是强调担当责任的某些意愿和态度的形成。

（三）问题解决

上一章我们分析了知识经济化对社会成员提出的要求。在知识经济社会里，人们不能满足于当知识的储存罐，不能当存放知识的"图书馆"，不能够再当知识的奴隶，而是要当知识的主人，要具备综合运用学科知识解决问题的能力，要让知识动起来并且发挥真正的作用，实现知识的经济价值。因此，《指导纲要》明确提出了问题解决的目标："能在教师的引导下，结合学校、家庭生活中的现象，发现并提出自己感兴趣的问题。能将问题转化为研究小课题，体验课题研究的过程与方法，提出自己的想法，形成对问题的初步解释。"问题解决的这个目标强调了学生的问题意识和发现问题的能力。但是，对小学生解决问题的能力要求并不高，即要求学生对课题提出自己的想法，并形成对问题的初步解释。不过，这都是小课题，而且更强调的是要小学生体验课题研究的过程与方法。这也符合小学生的实际要求。

（四）创意物化

上一章我们分析了信息社会对社会成员的内在要求。在信息时代，信息如海，技术如潮。如何利用信息和技术服务我们的学习和生活，提高学习和生活的质量和效率？这需要我们具有创意物化的能力。因此，《指导纲要》明确提出问题解决的目标："通过动手操作实践，初步掌握手工设计与制作的基本技能；学会运用信息技术，设计并制作有一定创意的数字作品。运用常见、简单的信息技术解决实际问题，服务于学习和生活。"创意物化的这个目标也符合小学生的特点。它要求小学生"初步掌握……基本技能”“运用常见、简单的信息技术解决问题”。这些要求是创意物化的最基本要求，是小学生力所能及的。

三、小学综合实践活动课程的具体目标

在综合实践活动课程的总目标和综合实践活动课程小学阶段的学段目标指导下，我们每个综合实践活动都应该有更加具体的目标。换言之，小学综合实践活动课程的具体目标实际上就是具体某个小学综合实践活动课程的目标。

在具体的课程实践中，《指导纲要》的总目标和学段目标都显得比较抽象、比较概括，在具体的活动中无法直接以之为目标。因此每个具体的活动都应该根据特定的活动主题和具体的内容以及参加活动的学生的年龄特点、个性特点，提出具体的、有针对性的、可操作的、可评价的目标。

要制定具体的目标，我们就得首先认识具体目标的特点，然后在这些特点的指导下制定具体的目标。或者说，要把这些特点视为标准，检查我们所制定的目标是否够具体、是否合适。

（一）具象化

小学综合实践活动课程的具体目标是针对某个活动主题或项目而言的，是对学生开展与主题有关的活动具有切实的导向、指引作用，并能保证整个活动过程的顺利进行的。所以，具体化的目标首先是具象化。换而言之，综合实践活动的具体目标应该包含了特定的活动内容，与特定的综合实践活动之间要具有独特的匹配性，不能出现某个综合实践活动的具体目标同样完全适合其他综合实践活动的情况。

（二）生成性

小学综合实践活动课程的具体目标在活动方案中已经预设。但是，综合实践活动课程的开放性、实践性、自主性、整合性、连续性决定了预设目标必须包容预设目标以外的生成性活动结果以及由活动过程不确定性带来的预设目标不确定性。有的预设目标可能无法实现，有的预设目标可能可以更好地实现或者可以超越预设目标。因此，小学综合实践活动课程的具体目标需要根据活动的实际情况，及时进行动态调整。动态调整教学目标的情况，在学科教学里有时候也会出现。

（三）可测性

目标的实现是检验行动有效性的唯一依据。如果一个行动不能够有效地实现目标，那么这个行动是无效的、失败的。同样，综合实践活动是否成功的重要判断依据是其在多大程度上达成活动目标。但是，这个判断的前提是活动目标具有可测性。如果一个目标不具可测性，无法被用来检验活动的效果和效率，那么这个目标是不具合

理性的，它甚至不能被称为目标。所以，小学综合实践活动课程的具体目标必须具有可测性。具体目标所描述的状态应该是一些可以测量的价值体认、责任担当、问题解决、创意物化四个方面的变化。

根据具体目标的几个特点，我们将课程目标予以具体化。

（一）严格按照综合实践活动课程目标结构设定活动目标

要将目标具体化，就要首先考虑具体目标的结构。因为具体目标的结构就是一个“模子”，把综合实践活动目标具体化就是把它装进这个“模子”里。

教育部颁发的《指导纲要》明确地把综合实践活动课程目标表述为价值体认、责任担当、问题解决、创意物化四维结构。综合实践活动课的具体目标应当按照此四维结构来设定。在实际操作中，有个别老师习惯于用新一轮基础教育课程改革的三维目标结构来表述综合实践活动课的目标，即知识与技能、过程与方法、情感态度与价值观。这是语文、数学、英语等学科的课程标准对各学科课程教学目标表述的要求。小学综合实践活动课程与这些学科课程的要求是不同的，需要把它们区分开来。

（二）在活动目标中体现活动的具体活动内容

课程目标具体化体现在具体的活动中。因此，活动目标不能够仅仅停留在水平的描述上，还要具体到综合实践活动的具体实际上。

有小学生这样表述“三元塔的历史及维护”综合实践活动设定的目标：“了解三元塔的历史，理解三元塔对内江的历史意义，分析三元塔的维护方案。”这个目标描述中的“三元塔的历史”“三元塔对内江的历史意义”“三元塔的维护方案”都是综合实践活动的具体内容，因此是完全符合具象化要求的。

（三）选择不同行为动词描述活动目标水平

小学综合实践活动课程具体化目标表述应该结合具体的活动内容，描述学生在价值体认、责任担当、问题解决、创意物化四个维度分别要达到的目标水平。不同的目标水平的描述应该用不同的词语。

以价值体认为例。

价值体认：通过亲历、参与少先队活动、场馆活动和主题教育，参观爱国主义教育基地等，获得有积极意义的价值体验。理解并遵守公共空间的基本行为规范，初步形成集体思想、组织观念，培养对中国共产党的朴素感情，为自己是中国人感到自豪。

根据布卢姆的教育目标分类法，价值体认目标的要求至少包括了接受（注意）、反应、价值评价、组织、由价值或价值复合体形成的性格化五个递进的层次。每个层次都是用学生外显行为的动词来加以描述的①。

接受（注意）是指学生愿意接受或注意某些现象和刺激。学生的接受（注意）可以分为三个层级：①觉察，指学生注意到某种情境、现象、客体或事态的存在。②愿意接受，指学生不会回避某些现象和刺激，愿意集中自己的注意力去观察这些现象和刺激。③有控制或有选择的注意，指学生能控制注意的要素，即使存在干扰因素，仍能选择并注意所喜欢的现象和刺激。

反应是指学生对接受（注意）的现象和刺激作出反应。学生作出反应的层级又可以分为三个：①默认的反应，是指学生对现象或刺激的反应行为处于被动状态。②愿意的反应，是指学生对现象和刺激的反应行为是出于自愿或者主动的。③满意的反应，是指学生对现象和刺激的反应行为使学生感到愉快、兴奋或乐趣。

价值评价是指现象和刺激的价值被学生内化和接受，并用来作为自己的价值准则。学生的价值评价行为可以分为三个层级：①价值的接受，是指学生从感情上愿意接受自认为建立在适当基础上的观点或学说。②对某一价值的偏好，是指学生不仅承认自己接受了某一价值，还主动追求它、寻找它，希望得到它。③信奉，是指学生坚信某一价值，使之成为学生从感情上接受、牢固地建立在毫无偏见的基础上的信念，甚至用行动促使这种价值的实现。

组织是指学生把各种价值组织成一个体系，确定各种价值之间的相互关系和占主导地位的普遍的价值。学生的组织行为可以分为两个层级：①价值的概念化，是指学生用某种语言符号概括某一价值的特征，使之抽象化，形成个人对某一类事物的观念和看法。②价值体系的组织，是指学生把各种价值组成一个价值复合体，并使之形成有序关系的目标。

由价值或价值复合体形成的性格化是指学生形成的价值或价值复合体控制着个体的行为，使学生在相当长的时间内以这种方式行事，并且除了在个体受到威胁或挑战时，行为的唤起不再引起情绪或情感。性格化的行为可以分为两个层级：①泛化心向，是指学生在任何特定的时候对态度和价值体系有一种内在一致性的心向，这使学生能始终如一地、有效地行动。②性格化，是指学生把价值或价值复合体内化成个人性格，使个体心理和行为内外一致、持久不变。

在价值体认这个活动目标中，人们可以使用不同的行为动词来描述不同的目标水平，如表 2-1 所示。

---

① 布卢姆. 教育目标分类学（第二分册 情感领域）［M］. 施良方，等译. 上海：华东师范大学出版社，1988：198-208.

表 2-1　价值体认的可用动词

价值体认目标的要求	接受（注意）	反应	价值评价	组织	由价值或价值复合体形成的性格化
可用动词举例	听讲 知道 看出 注意 选择 接受 赞同 容忍	陈述 回答 完成 选择 列举 遵守 记录 听从 称赞 欢呼 表现 帮助	接受 承认 参加 完成 决定 影响 支持 辩论 论证 判别 区别 解释 评价	讨论 组织 判断 使联系 确立 建立 选择 比较 定义 系统阐述 权衡 选择 制订计划 决定	养成 建立 秉持 建构 形成 塑造 涵养 展现 发展

同样的道理，责任担当、问题解决、创意物化三个方面的活动目标也可以划分为若干个目标水平，使用不同的行为动词加以描述。

（四）选择适当的表述方式

一般情况下，我们描述某个目标时，有总括式、列点式、分层式等表述方式。

总括式表述不分段落，用一段话来表述内容，导致这种表述存在一个很重要的缺点，就是很难分清楚它的结构，难以判断目标的完整性　　它是否具备了《指导纲要》所要求的四个结构。

分层式表述就是首先有一个活动的总目标，然后每个阶段又有一个阶段目标。分层式表述使得目标更加具象化和具有可测性，但是由于目标预设过于具体和详细，对综合实践活动目标的生成性造成了限制。

列点式表述就是将活动主题涉及的目标要点按照综合实践活动的四个维度分别罗列出来。例如：综合实践活动课的价值体认目标是什么？责任担当的目标是什么？问题解决的目标是什么？创意物化的目标是什么？这种表述方式由于思路清晰、条理清晰、一目了然，又给予生成性目标一定空间，较容易被人们接纳，成为人们常用的目标表述方式。

【案例 2-1】

“科学改变人们的生活”综合实践活动目标

（一）价值体认

通过亲历社会调查过程，考察科学在人们生活中的具体形态，获得有意义的价值体验。发现生活中的科学理念，提高科学认知，初步形成人与自然和谐相处的观念，形成正确的价值观，为中国的科技进步感到自豪。

（二）责任担当

经历活动过程，研究科学与生活的联系，了解科学知识和科技发展历程。在科学探索中培养探索精神，同时形成正确的科学观，养成良好的科学素养。在动手实践中提高动手操作能力，解决问题，增强合作意识，提高利用科技处理社会事务的愿望，在不断发现和创造中培养热爱生活的态度。

（三）问题解决

从活动中发现和提出自己感兴趣的科学问题，将这些科学问题转化为自己的研究课题，体验研究的过程和方法，学会用科学的方式思考问题，形成对科学问题的初步解释，进一步提高综合实践能力和科学素养。

（四）创意物化

通过辩论、绘画、制作等多种形式来表达实践的成果，将科技创意具体化展示出来，用科技小发明服务于学习和生活，体验科技创新的成就感，强化创新意识，进一步激发热爱科学的情感态度。

第二节　小学综合实践活动内容选择与组织原则

《指导纲要》要求，综合实践活动课程的内容选择与组织要遵循自主性、实践性、开放性、整合性和连续性等原则。这些原则充分体现了小学综合实践活动的五个基本特征。

一、自主性

《指导纲要》明确要求教师：

在主题开发与活动内容选择时，要重视学生自身发展需求，尊重学生的自主选择。教师要善于引导学生围绕活动主题，从特定的角度切入，选择具体的活动内容，并制定活动目标任务，提升自主规划和管理能力。同时，要善于捕捉和利用课程实施过程中生成的有价值的问题，指导学生深化活动主题，不断完善活动内容。

自主性是指学生是综合实践活动的实践主体，是自我发展的主体，因此，学生在综合实践活动中的行为是自觉行为，是有着明确目的的行为。可以说，学生的自主性是综合实践活动顺利开展的保证。学生如果缺乏自主性，综合实践活动是无法顺利开展的。

自主性原则本质上是要求教师尊重学生在综合实践活动中的主体性，合理处理好教师指导与学生自主选择、主动实践之间的关系。

（一）要尊重学生自主性

学生是综合实践活动的主体，学生自主性是综合实践活动开展的动力。学生缺乏自主性，综合实践活动则难以顺利开展。学生的自主选择贯穿综合实践活动全过程，体现在综合实践活动的每个细节之中。这要求教师在进行主题开发与活动内容选择时要充分尊重和保护学生的兴趣、需求、爱好和选择，为学生自主性的充分发挥提供广阔的空间。由于学生自主性较弱，正处于成长阶段，教师对学生自主性的尊重和保护尤为重要。

在教师“包办”的“综合实践活动”中，教师占据了综合实践活动的主体地位，教师的选择和安排代替了学生的自主选择。这样的“综合实践活动”将失去动力，阻碍了学生的自主性，因此，不是真正的综合实践活动。

教师尊重和保护学生自主性的最佳方法是肯定学生的自主性，认真履行引导者、指导者角色——教师在综合实践活动中的角色定位是引导者和指导者，而不是传统学科教学中的组织者、主导者、教育者。在选择综合实践活动的内容并组织开展时，教师发挥作用的主要方法是激发和利用学生的自主性，帮助学生明确活动目的，分析活动基础和条件，选择合适的方法，指导学生自主推动活动深入开展，不可越俎代庖。

【案例 2-2】

保护学生的自主性

五年级的小学生明宇在网络上看到一则新闻：美国有海外军事基地 374 个，分布在 140 多个国家和地区，驻军 30 万人。他很惊讶：美国为什么要在那么多国家和地区驻军？

他向语文老师请教。语文老师说：“明宇，你不要想那么多，集中精力把语文学科的问题想清楚吧。”他向班主任请教。班主任说：“你怎么一天到晚想那么多奇怪的问题，小学都快毕业了，多思考与学习有关的问题不好吗？”明宇渐渐觉得这个问题不值得自己继续追问。

幸运的是，他向综合实践活动课程老师请教时，综合实践活动课程老师说："明宇，你提出的问题真好！你觉得美军为什么不能在其他国家或地区驻扎？"明宇说："这些国家和地区不属于美国，美军不应该驻扎。但是，为什么这些国家和地区又愿意让美军驻扎呢？"综合实践活动课程老师竖起大拇指："你的这个问题提得更加深入了，但是这个问题有点大，你可以向其他同学发出邀请，邀请感兴趣的同学和你一起探讨。"

明宇很高兴，他马上在综合实践活动课程老师的指导下明确了活动主题，组建了活动小组。

【案例点评】

在这个案例里，语文老师和班主任都直接否定了明宇提出的问题，甚至阻止明宇思考这个问题。所以，明宇开始萌发放弃追问和思考的想法。这两位老师的回答不仅不尊重明宇的自主性，还压制了明宇自主性。而综合实践活动课程老师则尊重了明宇的自主性，还通过表扬进一步激发明宇对这个问题的自主性，通过建议明宇组建活动小组探讨这个问题来降低这个问题对学生个体的难度，保护明宇的自主性不被高难度问题消解。

（二）要引导学生完成自主选择

学生的知识和能力有限，有时候会导致学生的自主选择低效甚至错误。因此，尊重学生的自主选择，不等于完全放任学生盲目选择，更不等于无条件接受学生的选择。教师应该对学生的自主选择进行适当的引导，包括提供各种建议、提出各种引导性问题、创设问题情境、包容试错等。

【案例 2-3】

河流污染整治

根据省级部门公布的数据，流经学校门口的河流水质属于劣Ⅴ类。小东同学从新闻上看到这个消息后，向老师请教什么是劣Ⅴ类水质。老师解释说："我国把水质从好到差分为五类。劣Ⅴ类水质最差。劣Ⅴ类水质比第五类水质还要差，这类水基本上没有什么使用价值。"

小东继续追问："这条河流的水质为什么会那么差？"老师告诉小东，那是因为河流被污染了。被污染的河流是可以通过环境整治恢复水质的。

于是，小东与几位对河流污染整治有兴趣的同学组成了河流污染整治综合实践活动小组，在老师的指导下开展活动。

刚开始的时候，同学们认为河流边的工厂是水质污染的来源，并拟定了活动方案。老师提醒同学们，河流污染源有很多，工厂排污属于点源污染。同学们马上反应过来：既然有点源污染，那就可能还有面源污染。老师给同学们举了个例子：农业使用农药化肥就可能造成面源污染。

很快，同学们就修订了活动方案，从点源污染和面源污染两个角度来调查河流污染的原因，为提出河流污染整治方案提供了更加全面、客观的事实支持。

【案例点评】

在这个案例里，小东和其他同学对河流污染问题感兴趣，得到了老师的尊重。但是，同学们对河流污染的初步认识比较肤浅。他们不懂得河流污染的来源是多样的，只看到了明显的点源污染，并计划从工厂排污的角度来了解水质污染、提出污染整治方案。此时，老师引导他们从点源污染和面源污染两个层面切入综合实践活动主题。这个过程既扩充了学生的知识面，又很好地引导了学生自主选择的过程，深化了活动主题，完善了活动内容和方案。

（三）要提高学生自主选择的能力

教师尊重和引导学生作好自主选择，既是具体的选择过程，要把握好“选择质量关”，又是提高学生提升自主规划和管理能力的过程。教师应该在尊重和引导学生作自主选择的同时，注重提高学生相应的能力。

自主性原则是综合实践活动课程与学科课程区别较大的原则。学科课程较少考虑学生的自主性。因此，在实际操作中，教师需要谨记这个原则。

二、实践性

《指导纲要》明确要求教师：

综合实践活动强调学生亲身经历各项活动，在“动手做”“实验”“探究”“设计”“创作”“反思”的过程中进行“体验”“体悟”“体认”，在全身心参与的活动中，发现、分析和解决问题，体验和感受生活，发展实践创新能力。

实践不仅是综合实践活动的本质，也是综合实践活动的形式。综合实践活动，顾名思义，实践是其最本质的特征之一，无实践就无所谓综合实践活动。但是，该课程作为学校教育的一门课程，是以学生发展为目的设置的必修课程。学生的学习和发展是课程的核心关键，实践是学生在这门课程中的主要学习方式。换言之，在这门课程中，实践是为学生学习服务的，实践主要的价值体现在它的学习价值上，有助于学生学习的实践才有价值。综合实践活动不能为实践而实践。

因此，实践性必然成为综合实践活动内容选择与组织的基本原则。

根据这个原则，教师在选择与组织综合实践活动内容时，应该以适合以实践形式进行学习的内容为主。

绝大部分学习内容都可以以实践形式呈现，因为人类的知识都源于人类对周围事物的实践。但是，学习内容实践化存在两个重要的障碍。

一是学习内容实践化不是容易的事。知识经过文字化和抽象化后，要复原为实践形式，需要教师对学习内容有深刻的认识和理解。例如，大部分当代伦理学的共识尊老爱幼，这是人类历史的总结和要求，大多数教师在教育中更多的是要求学生按照尊老爱幼这个伦理规范去实践，但是，受对尊老爱幼伦理规范认识和理解不够深刻的局限，无法从实践的角度解释人类为什么要尊老爱幼，以及尊老爱幼的本质意义何在。因此，他们无法通过综合实践活动来指导学生深刻认识尊老爱幼的伦理规范。

二是实践化的学习内容需要慎重选择。在现代学校教育里，教育者要追求教育工作效率，要以较短的时间把人类知识的精华传递给下一代。而学生通过实践来学习知识是一个效率相对较低且漫长的过程。这决定了教师不能把所有的学习内容都实践化。因此，实践化的学习内容应该经过慎重选择。不加区别地把学习内容实践化是一种泛实践化倾向。泛实践化倾向不仅不利于学生成长，与现代学校制度追求育人效率的初衷也是相悖的。

那么，实践性在综合实践活动中如何体现呢？

首先，学生的行动要体现实践。学生的学习要区别于以往的缺乏问题导向的“阅读”“练习”“抄写”等行动。学生要实实在在地带着问题开展“动手做”“实验”“探究”“设计”“创作”“反思”等实践。

其次，学生的情感要体现实践。学生的学习不能只是以行动参与，还要在情感、价值观层面参与。对积极的情感、正向价值观等应该体验、感悟、认同，这些情感价值观将为学生以后的实践提供强有力的支持。

最后，学生的学习效果要体现实践。学生的学习效果不能仅仅是丰富了知识，还要提高学生发现、分析和解决问题的能力，体验和感受生活的能力以及实践创新能力。这些能力的发展和提高将成为学生提高实践效益的有力保证。

下面，我们一起来看内江市东兴区田家镇中心学校的“生活中的纸”综合实践活动案例。

【案例 2-4】

“生活中的纸”综合实践活动

五年级学生雨彤发现同学们的手抄报越做越漂亮了，用的纸都是高档的复印纸、打印纸，手抄报也图文并茂、色彩鲜艳，花费真是不少。同学们平时用的草稿纸也都是些新的作业本纸或雪白的好纸。每天放学后，教室地面、课桌抽屉里到处都有同学们随便丢弃的纸张。雨彤跟同桌说："这么好的纸被丢弃了，太可惜了。"不料同桌回答说："纸很便宜，哪里都能买到，浪费一点没关系。"

雨彤把事情向老师汇报了，希望在老师指导下开展一次以纸为主题的综合实践活动。

在老师的指导下，综合实践活动小组组建起来了。

同学们按不同的分工选择了不同的活动方式。研究纸编织的小组在了解了纸编的基础知识后，采用实践操作，学一学，编一编的方式；研究纸加工的小组采用实验的方式，探索再生纸的加工；研究纸历史的小组在搜集了资料后，采用实地考察的方式，到原来的造纸厂进行参观访问，等等。

随着活动的深入，同学们有的跑图书馆，有的上网，有的拍照，忙得不亦乐乎，各组的资料也越来越丰富。在活动中，指导老师随时关注各组的活动进展，帮助同学们不断调整活动。

面对一大堆资料，如何取舍、整理出符合小组主题研究的资料呢？指导老师对同学们进行了资料整理的指导，指导他们如何对搜集的资料进行分类并统计，如将资料分为文字类、图片类、音像类、表格类、实物类等。

近一个月来，同学们和纸交上了朋友。让大家回忆一下，一个月来各小组付出了哪些辛勤劳动？参与了哪些实践活动？都遇到了哪些困难？大家是怎样获得成功的？请各小组作简单交流。各小组从主题目标、活动经历、研究方法、成绩效果、收获体会等几方面作交流展示。

活动中，同学们学会了搜集、分析、整理关于纸的资料；能用旧报纸等废纸做再生纸，用各种纸张通过剪、折、刻、编、拓等方法制作简单的纸工艺品；培养了善于合作、主动参与、大胆展示及公关活动的能力；充分感受了纸文化，激发了民族自豪感。最后，同学们根据了解的情况初步形成惜纸、爱纸的习惯，树立了保护资源的意识。

【案例点评】

综合实践活动案例"生活中的纸"，在材料收集、分组活动等过程中，处处体现了综合实践活动的实践性原则。综合实践活动课程强调整合、注重实践、突出开放、关注过程、提倡自主。综合实践活动是学生的活动，要充分体现学生的主体作用，让学生在实践中成长、在实践活动中收获。

三、开放性

《指导纲要》指出：

综合实践活动课程面向学生的整个生活世界，其具体活动内容具有开放性。教师要基于学生已有的经验和兴趣专长，打破学科界限，选择综合性活动内容，鼓励学生跨领域、跨学科学习，为学生自主活动留出余地。要引导学生把自己成长的环境作为学习场所，在与家庭、学校、社区的持续互动中，不断拓展活动时空和活动内容，使自己的个性特长、实践能力得到加强，服务精神和社会责任感获得提升。

综合实践活动课程面向学生的整个生活世界是基本要求。综合实践活动的主题、内容要源于学生的生活经验，还要以学生的整个生活世界为依托，这决定了综合实践活动的内容、时空、组织方式、成果的开放性。

活动内容向学生已有的生活经验和兴趣专长开放。学生的生活经验和兴趣专长是综合实践活动的基础，因为在纷繁复杂的生活世界里有着纷繁复杂的内容，这是学校教育无法全部涵括的。因此，综合实践活动内容需要向学校教育未涵括的学生生活经验和兴趣专长开放。

活动内容还要向不同领域和不同学科开放。局限在某个特定领域或学科的活动是不存在的。因此，综合实践活动内容需要向不同领域和不同学科开放，接纳不同领域、融入不同学科。

活动内容还要向家庭、学校、社区三重时空开放。学生生活在家庭、学校、社区三重时空中，因此，学生的生活经验在三重时空中形成，需要以这三重时空为依托开展综合实践活动，让学生在这三重时空中获得发展。缺少任何一重时空，学生的发展都将是不完整的。

为适应开放性要求，综合实践活动必须破除自我封闭、按部就班的思路，在活动实施过程中，及时对组织方式作出必要的调整。而这些变化和调整，必然会导致活动成果与预设有所不同，推动学生的生成性发展。

【案例 2-5】

"中国传统节日"综合实践活动

在开展"中国传统节日"综合实践活动时，教师以语文学科为切入口，让学生通过语文学科了解中国传统节日的相关知识（如端午节的起源、端午节的风俗、端午节与屈原的关系以及端午节的其他活动）。然后，引导学生利用现代信息技术手段收集端午节的有关资料，拓展学生对中国传统节日的认识。在成果呈现环节，学生希望通过国画呈现活动成果。于是，在美术老师指导下，学生通过国画，把观察、了解到的各种节日以及他们对这些节日的理解淋漓尽致地表达了出来，形成色彩斑斓、充满学生想象和创造的《中国传统节日》画册。

【案例点评】

在这个综合实践活动里，成功地综合了语文、美术、信息技术等多门学科。但是，同样的“中国传统节日”综合实践活动，不同的学生、不同的指导教师、不同的设计思路，综合的学科会有所不同。如果学生希望通过研究小论文的形式呈现活动成果，那么美术学科将不会被综合进活动。如果学生希望了解本地传统节日风俗，学生将会减少甚至不用信息技术，转而使用访谈的相关技术，对本地居民进行采访。

【案例 2-6】

“去远方课堂”综合实践活动

“去远方课堂”是桐梓坝小学的研学综合实践活动课程。在活动初期，学生在教师的指导下制订旅行方案（就是我们平常说的旅行攻略）。他们需要查阅大量的资料，内容涉及交通、旅游、军事、科技、历史等，为此学生分工合作，查找的、记录的、组织的、发言的都有。在这样的学习准备过程中，每一个成员都清楚地认识到他们是一个紧密的团队，需要互相合作才能够完成目标，而且这样也可以锻炼他们与人合作的能力。

在完成研学的八天旅行中，学生按照他们的计划购票、乘车、住宿、参观，完成了整个旅行活动。这样的综合实践活动丰富了他们的见闻，也让他们在社会中获得直接的经验，受益匪浅。

【案例点评】

从这个综合实践活动案例中我们可以看出，综合实践活动综合了家庭教育、社会实践活动、学校教育三个领域，且三者相互渗透，体现了综合实践活动的开放性原则。

四、整合性

《指导纲要》对整合性作了如下要求：

综合实践活动课程的内容组织，要结合学生发展的年龄特点和个性特征，以促进学生的综合素质发展为核心，均衡考虑学生与自然的关系、学生与他人和社会的关系、学生与自我的关系三个方面的内容。对活动主题的探究和体验，要体现个人、社会、自然的内在联系，强化科技、艺术、道德等方面的内在整合。

整合性至少包含了三个方面的要求：一是综合实践活动内容要与教育规律、教育目的整合。综合实践活动是教育活动，是为教育目的的实现服务的。因此，活动内容的组织必须指向学生综合素质发展这个目的。同时，作为教育内容，活动内容的组织也必须符合教育规律，符合学生的年龄特点和个性特征。二是综合实践活动内容要与人的本质整合。教育是培养人的活动。综合实践活动自然要与人的本质整合一致。人的本质是社会关系的总和。人的本质在学生身上主要体现为学生与自然的关系、学生与他人和社会的关系、学生与自我的关系三个方面的关系。脱离个人、社会、自然的内在联系的综合实践活动是不存在的。三是综合实践活动内容要与学科知识整合。综合实践活动的开放性要求其活动内容要以与科技、艺术、道德等学科的内在联系为基础，与这些学科知识整合。没有整合这些学科的实践活动，不是综合实践活动。这些学科的内在联系正是以人与自然、人与他人和社会、人与自我的三个方面关系为基础的逻辑联系。

【案例 2-7】

"探寻杨家革命史迹"综合实践活动

内江市东兴区杨家镇是东兴革命老区发祥地之一。在老师指导下，"探寻杨家革命史迹"综合实践活动小组为了了解杨家革命历史，弘扬革命精神，传承红色文化，开展了杨家镇革命历史和杨家镇英烈事迹挖掘和整理活动。

在活动中，有同学提出："为什么杨家镇会成为东兴区的革命发祥地？"于是，老师引导同学们深入了解当时全国的经济社会环境和革命形势，并还原了杨家镇抗亩捐斗争爆发的导火索事件。老师引导同学进一步思考：当时全国的经济社会环境和革命形势是怎么影响杨家镇革命进程的？

有的同学还通过一些文献了解了革命烈士黎灌英的生平，解读了黎灌英烈士当时的心路历程。于是，老师引导同学们思考更深层次的问题：黎灌英是如何思考个人与社会的关系的？黎灌英作为革命的杰出代表，他对革命事业的主要贡献有哪些？革命者的哪些精神值得我们继承和发扬？在革命精神的指引下，我们应该如何投身中华民族伟大复兴大业，成为中华民族伟大复兴的亲历者、践行者、参与者、见证者？

当有的同学提出应该加强革命爆发地点关帝庙的保护时，老师指导同学们深入了解保护关帝庙途径和方法。同学们发现，保护关帝庙不仅要投入大量人力物力，要使用一些科技手段加固保护、修旧如旧、还原关帝庙文化遗迹，还要与关帝庙里的农户达成各种赔偿协议，确保这些农户应有的权益。最后，同学们根据了解的情况，形成了"关帝庙革命遗址保护的建议方案"。

【案例点评】

在这个案例里，指导老师整合了学生与他人、学生与社会、学生与自我的关系，帮助学生站在革命者的立场上反思这三种关系，从革命者身上学习处理这三种关系的方式方法。最后，引导学生如何在中华民族伟大复兴大业中正确处理好这三种关系。

在关帝庙革命遗址保护的问题上，老师引导学生从科技、艺术、道德三者的复杂关系深入思考革命遗址保护的各种难题及破解这些难题的方法，最终形成建议方案。

主题活动结束后，进入活动总结阶段。这不仅是对学生在综合实践活动中的各种表现和成果的总结，也是师生、生生共同学习和交流的机会，更是学生发现自我、欣赏他人的过程。师生在总结过程中交流活动体验和感悟，反思活动过程，分享成功的喜悦和失败的教训，可以提高学生的认识，升华学生的情感，并为以后活动的持续开展提供经验与启示。在本案例中，老师作为学生经验分享的指导者，认真设计了"自我阐述与评定"与"他人（同学、老师、家长等）推举与评说"评价表，强调了学思结合、平等对话和交流，关注了学生的情感体验，让学生充分展示对本次活动的真实体验，在活动过程中自然流露真情实感。

人是复杂的，生活是丰富的，从生活中得来的综合实践活动主题是综合的，以生活为依托的。综合实践活动的内容必然整合了个人、社会、自然三个方面的要素及它们的相互关系，以及科技、艺术、道德等要素及它们的相互关系。综合实践活动在选择与组织内容时，应该挖掘这些因素和关系，并突出它们的整合形态，充分发挥它们的教育价值。

党的二十大报告指出，要推进文化自信自强，铸就社会主义文化新辉煌，"以社会主义核心价值观为引领，发展社会主义先进文化，弘扬革命文化，传承中华优秀传统文化，满足人民日益增长的精神文化需求，巩固全党全国各族人民团结奋斗的共同思想基础，不断提升国家文化软实力和中华文化影响力"。在综合实践活动中，整合社区革命文化的各种资源、各种关系、各种逻辑，引导学生开展以革命文化为主题的综合实践活动，是增强文化自信的重要实践，是老师的天职。同时，为了有效、深入地指导学生革命文化主题综合实践活动，指导老师应该深入学习革命文化，自觉传承、践行、弘扬革命文化。

五、连续性

《指导纲要》对连续性的要求如下：

综合实践活动课程的内容设计应基于学生可持续发展的要求，设计长、短期相结合的主题活动，使活动内容具有递进性。要促使活动内容由简单走向复杂，使活动主题向纵深发展，不断丰富活动内容、拓展活动范围，促进学生综合素质的持续发展。要处理好学期之间、学年之间、学段之间活动内容的有机衔接与联系，构建科学合理的活动主题序列。

保持综合实践活动内容选择与组织的连续性原则的理论依据是学生发展规律——学生发展具有的阶段性、连续性和可持续性。综合实践活动要与之相适应，才能很好地促进学生综合素质的提高。

综合实践活动内容选择与组织的连续性原则要求教师系统谋划综合实践活动内容，使之既符合学生身心发展水平，又符合学生发展规律，并实现学年间、学段间的活动内容一体化、序列化。

内江市东兴区椑木镇中山学校的综合实践活动课程规划就很好地体现了这个原则。

【案例 2–8】

椑木镇中山学校的综合实践活动课程规划

内江市东兴区椑木镇中山学校（以下简称“中山学校”）是一所九年一贯制学校。学校因地制宜，利用学校劳动研学基地，结合德育阵地优势及学科特色，打造以劳动技术为特色的综合实践活动。

为使综合实践活动与学生发展的连续性和可持续性相适应，更好地促进学生综合素质的提高，学校结合实际情况，开展一系列的劳动实践活动，让实践活动内容由简单走向复杂，活动主题向纵深发展，在不断丰富活动内容的同时拓展活动范围，促进学生综合素质的持续提高。

下面，我们来看看这所学校如何在具体的综合实践活动中体现连续性原则。

“油菜的华丽变身”系列综合实践活动

中山学校建立了大约 3 亩（1 亩=666.67 平方米）的劳动研学基地，结合时令进行作物种植。油菜是当地种植的一种常见农作物，其收割和加工是一种传统的生产劳动实践活动。此劳动实践活动蕴含着丰富的教育资源，学校按照学生身心发展的连续性特点，设计了“油菜的华丽变身”系列综合实践活动。

活动一：油菜种植实践活动（短期实践活动）

综合实践活动小组在教师的指导下，开展种植油菜活动。

活动二：油菜管理实践活动（中长期实践活动）

让学生参与油菜的管理，如除草、松土、施肥等。为学生提供了解大自然、亲近大自然及获得知识的机会。同时，结合学科特点，教师引导学生对油菜进行多方面的深入了解和探究，通过查阅资料和问询获得油菜栽培知识，让学生充分了解、全面管理油菜生长的过程，同时扩充学生与农事活动、农耕文化相关的知识。

活动三：油菜收获实践活动（短期实践活动）

小学生在教师的指导下开展油菜收割活动。油菜收割之后，根据油菜产量，计划油菜的使用并付诸实践。

【案例点评】

"油菜的华丽变身"系列综合实践活动由种植、管理、收获三个活动组成。这些活动是按照油菜种植的规律来安排的，其难度和复杂程度也依次递进。这样的安排既符合认识的循序渐进规律，又体现了学生身心发展的连续性特点。

这是值得我们借鉴的综合实践活动设计。

第三章

小学综合实践活动的活动方式

➢ 学习目标

1. 了解小学综合实践活动的四种主要活动方式。
2. 理解小学综合实践活动方式的相互关系。
3. 掌握小学综合实践活动四种主要活动方式的实施原则。
4. 掌握小学综合实践活动方式选取的方法。

《指导纲要》列出了考察探究、社会服务、设计制作、职业体验四种主要的实践学习方式，并在附件里根据不同的活动方式推荐了不同的活动主题和内容。当然，除了这四种实践学习方式，还可能会有其他的实践学习方式。

第一节　考察探究

一、考察探究是什么

考察探究是综合实践活动的主要活动方式之一。《指导纲要》指出：

考察探究是学生基于自身兴趣，在教师的指导下，从自然、社会和学生自身生活中选择和确定研究主题，开展研究性学习，在观察、记录和思考中，主动获取知识，分析并解决问题的过程。如野外考察、社会调查、研学旅行等，它注重运用实地观察、访谈、实验等方法，获取材料，形成理性思维、批判质疑和勇于探究的精神。

考察探究本质上是研究性学习，是研究性学习在综合实践活动中的具体表现形式。

研究性学习是新一轮基础教育课程改革所倡导的一种重要学习方式，强调培养学生的主动探究意识和科学精神。研究性学习在不同的课程中有不同的表现形式。在综合实践活动课程中，与实践活动相应的研究性学习的主要形式是考察探究，如野外考察、社会调查、研学旅行等。

考察探究至少具备以下几个特点。

（一）考察探究的重点是帮助学生学习

考察探究是综合实践活动的活动方式。综合实践活动作为中小学生学习的课程，其活动的重点是帮助学生学习。因此，考察探究的重点是帮助学生学习，而不是考察探究本身。考察探究是学生学习的过程，学生在考察探究的过程中学习。因此，考察探究要以帮助学生学习为设计重点，不是为了考察探究而开展考察探究的综合实践活动。

（二）考察探究的主要目的是培养学生的科学素养

科学素养可以简单地分为获取科学信息（素材）的能力、科学创新的品质和实事求是的精神。

提高中小学生获取科学信息（素材）的能力主要是通过实地观察、访谈、实验等方法，使其掌握基本的科学方法。获取科学信息（素材）的过程是复杂的，需要的科学方法也是丰富的。例如，围绕问题设计步骤、提出假设、选择探究工具、开展考察探究、信息整理等。

培养中小学生科学创新的品质主要是使其在考察探究过程中形成科学态度、合作能力、理性思维、批判质疑和勇于探究的精神。

（三）考察探究要以问题为导向

发现学习生活和社会生活中有价值的、明确的问题是开展考察探究的前提，因为考察探究是以解决问题为过程和目的的学习。如果没有明确的问题作为导向，那么考察探究就失去了目标，考察探究过程也将思路混乱。因此，可以说，没有问题，就没有考察探究。

有价值的问题是指有助于综合素质提高的、具有训练价值或者教育价值的问题。问题导向要求问题先于主题产生，而不是主题先于问题产生。换而言之，考察探究的主题也应该是问题导向的。确立了问题之后，再把问题转化为主题，这样将有利于学生聚焦问题，紧紧围绕问题解决开展考察探究，并及时、有效地构建新的知识体系和能力体系。反之，确立了主题之后再提出问题，考察探究主题很容易被关注不同问题的学生“肢解”，学生就会聚焦各自感兴趣的问题，“各自为政”地开展自己的考察探究。

【案例 3-1】

中山的桃子和桃子产业

中山镇盛产桃子。很多同学习以为常。

小明是中山镇中心学校的五年级小学生。有一天，小明到超市购买零食。他看到超市有很多桃子制作的包装食品。他很惊讶地发现这些食品里居然没有本地食品厂的产品。他很纳闷：为什么本地盛产桃子，本地的食品厂却不生产桃子食品呢？

小明把自己的疑惑告诉了同学和老师。老师引导小明和几位对此感兴趣的同学，把小明的问题转化为“中山的桃子和桃子产业”小学综合实践活动主题，并把这个主题分解为中山的桃子有哪些品种、中山桃子适合用于哪些食品制品、中山食品厂为什么不生产桃子食品、中山桃子在本地食品厂加工是否可行四个问题。同学们分为四个小组，分别完成一个小问题的调研，并形成结论。

第一组的同学对镇政府、种植桃子的农户进行实地调研，了解中山桃子的品质、哪些品种比较受欢迎、镇政府对桃子种植业发展的规划及鼓励政策。第二组的同学在第一组同学调研的基础上，通过在图书馆、网络上查询，了解中山种植的各个桃子品种分别适合制作哪些食品制品。第三组的同学对中山本地食品厂进行实地调研，了解食品厂不利用本地桃子进行食品加工的原因。第四组的同学在第三组的调研结果基础上，通过了解食品加工工艺、本地食品工业政策、桃子食品市场等，提出中山本地食品厂制作桃子食品、中山鼓励桃子食品制造业发展的建议。

这就是社会调查的考察探究综合实践活动。小学五年级的小明和他的同学通过社会调查分析了“为什么本地盛产桃子，本地的食品厂却不生产桃子食品呢?”的问题。

（四）考察探究强调自主探索

从发现问题、提出问题、提出假设到解决问题，学生的自主能动性是根本动力，学生的自主探索是根本动力的表现形式。一方面，考察探究以学生对问题的思考为基础，学生的思考是内隐的心理过程。外事、外物难以推动这个内隐的心理过程。因此，没有学生的自主能动性，考察探究就难以推动。另一方面，考察探究意味着学生在这个过程中要不断提出假设和试错。因为只有通过不断地提出假设和试错，人类才可能认识问题和事物的本质。自主能动性是学生克服种种失败的内在动力，没有自主能动性的支持，学生将容易被失败击倒，考察探究将会停滞甚至终止。

（五）考察探究强调知识和能力的综合

考察探究的过程是解决问题的过程。学生的问题来源于真实生活。真实生活是复杂的，来源于复杂生活的问题也是复杂的。在生活场景中，没有一个问题可以只依靠一个学科的知识或只凭借一种能力就能够解决。在解决问题的过程中，学生需要用到的知识不一定是所有学科的知识，但是至少是两个学科的综合知识。为应用两个以上学科的综合知识，学生所需要的能力也必然是由多种能力组成的综合能力。

【案例 3-2】

三元塔的保护与利用

于雨是六年级的小学生。有一天，他和爸妈到塔山公园散步。当他们来到三元塔附近时，发现三元塔被彩钢板围了起来。彩钢板上贴着告示：三元塔年久失修，现准备对三元塔进行为期两年的修护。

于雨对这座以往自己习以为常的三元塔忽然产生了很多问题：三元塔是怎么建起来的？三元塔对我们来说有什么价值？修护三元塔使用什么材料和工具？修护三元塔有什么技术难度？修护之后，我们如何保护三元塔才能发挥它的价值和作用？

于雨把自己的这些问题告诉了老师。在老师的帮助下，于雨把这些问题转化成“三元塔的保护与利用”的考察探究的主题，开展了三元塔历史、三元塔修复、三元塔保护、提出三元塔文旅开发建议等系列活动。

1. 三元塔的历史

通过查阅资料、询问家长和老师、社会访谈等多种途径了解三元塔的建造年代、建造原因、建造过程、建筑风格特点、科举文化内涵（如古时科举制度称乡试、会试、殿试的第一名为解元、会元、状元，合称“三元”，接连在乡试、会试、殿试中考中第一名，即“连中三元”）、与三元塔相关联的古代人物（如内江唐代状元范崇凯）和古建筑（如状元墙）等。

2. 三元塔的修复

通过查阅资料、询问家长和老师、社会访谈等多种途径了解三元塔倒毁的原因，清代时修复的原因、修复的过程、修复后三元塔与初建的异同、修复后三元塔的利用。

3. 三元塔的保护

了解三元塔修复后至今的保护政策和措施。1949 年以前的保护政策和措施、保护的效果，1949 年以来的保护政策和措施、保护的效果。例如三元塔 2012 年成为省级文物保护单位后的保护政策和措施、修护及利用。

4. 三元塔文旅开发建议

把三元塔文旅开发建议形成书面材料，同时，通过多种形式，如画画、戏剧、作文、照片、手工等，为三元塔文旅开发进行了文化创意，形成了系列作品。

【案例点评】

在这个案例里，涉及的知识至少包括历史知识、科举知识、建筑文化知识、古建筑修护知识、审美知识、戏剧知识、写作知识、数据统计知识等，涉及的能力至少包括资料查阅及处理能力、沟通能力、访谈能力、文化挖掘整理能力、事物系统比较能力、事物发展历史的描述能力等。

二、考察探究的教育价值

我们上一节课初步了解了综合实践活动的主要活动方式——考察探究。那么，考察探究到底有什么样的教育价值呢?

考察探究的教育价值主要体现在以下五个方面。

（一）考察探究有助于学生保持探究兴趣

兴趣是最好的老师。因此，教育需要培养学生的兴趣。兴趣是个人力求接近、探索某种事物和从事某种活动的积极的态度和倾向。个体的态度和倾向取决于事物对个体需要满足的程度，满足的程度越高，积极态度和倾向就越能激发和强化。因此，学生的探究兴趣只有在探究活动中才能得到强化，离开考察探究，学生的探究兴趣将难以保持。或者说，考察探究是激发和保持学生探究兴趣的最佳途径。

我们来看以下案例。

【案例 3-3】

有学生问老师，林则徐为什么要销烟？老师就带着学生开展了一次“虎门销烟”的考察探究活动。活动之后，学生意犹未尽，又向老师提出新的问题：为什么清兵不堪一击，那么轻易就败给了西方列强？于是，老师又带着学生开展了一次“清末社会经济军事状况”的考察探究活动。

第一次考察探究活动之后，学生的探究兴趣得到进一步激发和强化，因此，便有了第二次考察探究综合实践活动。第二次考察探究活动又可以进一步激发和强化学生的探究兴趣。

（二）考察探究能不断地丰富学生学习的体验

考察探究是研究性学习，它的活动形式与社会服务、设计制作和职业体验相比，更接近于知识学习。因此，从知识学习的角度来看，它从学习形式、学习思路、学习方式等方面丰富了学生的学习体验。

学生的学习体验不断丰富，不仅有助于学生改善学习方式方法，提高校内的学习效率，还能引导学生的校外学习，提高学生校外学习的质量和效率。

【案例 3-4】

丰富学生的学习体验

小明在进行考察探究之后，慢慢地认识到权威并不是真理，在学习中不能迷信权威，要实事求是。后来，他在学习数学的时候，发现课本上讲：“目前台风中心位于

A市东偏南30°方向、距离A市600千米的洋面上，正以20千米/时的速度沿直线向A市移动。”他觉得天气预报的这种表述很奇怪，于是把它与电视的天气预报节目比较，发现电视里的天气预报不会使用“某地某方向几度”的表述，一般只用经纬坐标表述台风位置；同时，也不会用“直线”来表述台风移动路线。小明很快就发现了另一个问题：天气预报所报的台风速度比“20千米/时”要快得多。于是，他去查找资料，发现20千米/时的风是和风，不是台风。

【案例点评】

在这个案例里，学生的学习体验丰富之后，其学习的方式方法得到了改善，学习质量和效率得到了提高。

（三）考察探究有助于养成学生合作与共享的良好个性品质

综合实践活动中的考察探究主要是通过小组合作来完成的。每位同学都有相应的分工，各自的考察探究成果会汇聚成小组学习成果，每个小组把自己的学习成果与其他组分享和整合，形成综合实践活动的总成果，一个主题的综合实践活动就完成了。整个考察探究的综合实践活动是通过合作学习、成果共享来实现的。因此，考察探究（研究性学习）将有助于学生养成合作、共享的良好个性品质。

【案例3-5】

某同学在班上成绩优秀，常考第一名。但是，当其他同学向他请教学习问题的时候，他总不愿意多说，害怕其他同学会超越自己。他参加了综合实践活动后发现，如果其他同学不愿意与他分享学习成果，他的活动任务就无法完成；他的学习成果如果不分享给其他同学，就会耽误整个综合实践活动的进程。在综合实践活动成果交流评价环节里，他的成果分享得到了指导老师和同学们的充分肯定和表扬，他非常高兴，认为自己的贡献在综合实践活动成果里得到了体现和认可，第一次体会到了分享学习的快乐。从此以后，其他同学向他请教学习问题的时候，他总是非常乐意地与他们交流。

【案例点评】

在这个案例里，这位同学的分享意识正在形成、分享行为得到强化、分享品质得到了很好的培养。因为分享是考察探究活动的基本要求，在考察探究中培养学生的分享品质事半功倍。

（四）考察探究能提升学生独立思考的能力

考察探究来自学生的真实生活，而每个学生的生活又是独特的，因此，所有考察探究的主题都是独特的，其解决问题的思路也是独特的。尽管学生可以借鉴他人的成果，但却很难抄袭他人的成果。没有独立思考，就难以完成独特的综合实践活动。因此，考察探究的过程有助于学生独立思考能力的发展。

【案例 3-6】

某市的母亲河里有一种鱼叫作花鱼鳅。花鱼鳅的数量逐年减少。同学们就花鱼鳅的保护开展了综合实践活动。在活动过程中，有的同学习惯从百度找答案。但是，他们很快就发现，花鱼鳅是本地“土著”，基本上找不到相关的答案。所以，不得不亲自去请教本地的鱼类专家，去观察花鱼鳅的生活习性等，然后根据母亲河的流域环境，提出花鱼鳅保护的方案。

【案例点评】

在独特的综合实践活动情境中解决特殊的问题，必然能更好地培养学生的独立思考能力。

（五）考察探究有助于学生建构合理的知识结构

在学科教学中，学生的知识结构是学科性的、理论性的，问题的指向性较弱。所以学生可能有很多知识，但是很难有效运用起来解决真实情境中的问题。在考察探究活动里，学生的所有认知都是基于实践、有明确问题指向的，因而学生从行动到思考都是紧紧围绕问题解决展开的，在此基础上构建的新的知识结构也是具有问题指向性和实践性的。这种知识结构是知识经济时代最需要的，因而也是合理的。

考察探究是综合实践活动最常用的活动方式，但是使用的时候一定要注意尽可能充分发挥其教育价值，实现考察探究的教育目的。

三、考察探究的实施原则

（一）科学性原则

考察探究活动的科学性原则是指考察探究的过程和结论必须符合科学原理和科学规律。考察探究活动的本质是在实践背景下探究科学及科学地解决实践中的问题。因此，坚持科学性原则是考察探究活动实施的首要原则。

【案例 3-7】

跟着节气去探究

夏粮收割之后，中山学校“跟着节气去探究”综合实践活动小组在讨论学校种植基地的田地里可以种什么农作物。有的同学说可以种大豆，有的同学说可以种红薯，有的同学说可以种油菜。大家的意见不统一。于是，他们到学校图书馆和网络上寻找答案。他们都想种植产量高的农作物。

有同学发现，我国的油菜可以分为冬油菜和春油菜，冬油菜可以在9月底到10月种植。于是他希望能在学校种植基地空出种植冬油菜的地。但是，当他向老师和家长请教的时候，老师和家长都告诉他，夏粮收割之后，要抓紧时间种植其他农作物，否则会造成田地闲置浪费，而且，本地天气不适合种植冬油菜。他在向更多人请教并查阅了关于油菜生长习性和本地气候的相关资料后，认识到自己的想法是不符合油菜生长规律和农业种植规律的，最终放弃了种植冬油菜的想法。

【案例点评】

在这个案例里，同学们在讨论夏粮收割之后种植什么时提出了不同的建议和想法。但是，哪个建议更合理呢？为此，同学们需要用科学依据论证这些建议。最后，同学们在科学的指引下，否定了“种植冬油菜”的建议，从而避免了盲目种植冬油菜带来的损失。

（二）可行性原则

考察探究活动的可行性原则是指考察探究活动的实施应该充分考虑学生能力水平、可调用教育资源、教师和家长的支持等实际情况，确保活动能有足够的条件实施。

如果不考虑学生能力水平，可能导致设定的活动目标太高，或者不符合学生身心发展规律，学生无法顺利达到活动目标的要求。如果不考虑可调用教育资源，则可能导致活动没有必要的教育资源支撑，或者教育资源无法合理利用，造成浪费。如果不考虑教师和家长的支持，则可能导致教师和家长无法指导学生实施考察探究活动。

当然，影响考察探究活动实施的可行性的因素很多也很复杂，要具体活动具体分析，不能一概而论。

（三）动态调控原则

考察探究活动的动态调控原则是指在考察探究活动实施过程中，需要根据每个阶段考察探究的新发现、新结果，及时调整考察探究的思路、方案和方法，这样才能在后续的考察探究过程中取得更加合理、科学的结果。

根据考察探究的关键要素，我们可以看出，考察探究的核心步骤是发现并提出问题，提出假设，开展探究，提出解释或观点。在考察探究过程中，学生的反思意识和能力至关重要。因为学生需要经常反思考察探究的过程是否合理，提出解释或观点是否符合提出的假设、能否准确解答提出的问题。一旦发现考察探究的过程不合理，或者解释和观念不符合提出的假设、不能准确解答提出的问题，学生就必须马上判断是哪个环节存在问题、该如何进行调整，才能使考察探究最后取得良好效果。

（四）实践性原则

考察探究活动的实践性原则是指考察探究活动的实施过程要紧紧依托学生实践的主题、内容、形式，遵循实践逻辑。

考察探究的主题来自学生对实践的思考，因此，考察探究本身是基于学生实践的。但是，考察探究需要学生使用较多的学科知识和间接知识，因此，考察探究活动的实施过程容易受学科知识的影响而脱离学生实践的主题、内容、形式，甚至不顾实践逻辑。

学科知识源自实践，但是实践所得的认识必须经过一次又一次的分析和重新组合才能形成一门“学科”[①]。这些分析和重新组合，使得学科知识偏离了实践及实践逻辑，构建了与实践逻辑体系完全不同的学科逻辑体系。学科逻辑在某种程度上阻碍了学科知识在实践中的应用。考察探究一旦完全接受学科逻辑，就容易变成某门学科的考察探究活动，进而偏离实践和实践逻辑，成为纯粹知识性探究活动。

第二节　社会服务

一、社会服务是什么

社会服务是《指导纲要》指定的综合实践活动的第二种主要活动方式。《指导纲要》这样定义社会服务：

社会服务指学生在教师的指导下，走出教室，参与社会活动，以自己的劳动满足社会组织或他人的需要，如公益活动、志愿服务、勤工俭学等。它强调学生在满足被服务者需要的过程中，获得自身发展，促进相关知识技能的学习，提升实践能力，成为履职尽责、敢于担当的人。

社会服务有以下几个要点。

首先，社会服务的时空是社会。社会服务是服务于社会的，必然需要学生走出教室，走进校园，走进社会。公益活动、志愿服务、勤工俭学等活动，都不可能在教室里开展。尽管综合实践活动是学校教育的课程，但是从课程目标、课程资源、课程实

---

① 杜威. 杜威教育论著选［M］. 上海：华东师范大学出版社，1981：77.

施时空来说，学校需要与社会携手合作，整合双方资源。

其次，社会服务能实现教育与社会共赢。一方面，社会服务要解决社会问题。社会问题可大可小，而中小学生由于年龄、知识、能力等各方面的限制，主要面对的是社会小问题。因此，《指导纲要》把“问题”转述为“需要”。另一方面，社会服务要解决学生发展问题，也就是满足学生发展需要，既要促进学生知识技能的学习，又要培养和升华学生品格。换言之，社会服务不是为了“服务”而服务，也不是简单地为社会提供服务，而是既服务社会，又服务学生发展。

最后，社会服务开展前需要社会调研。从课程实施的角度来说，学校是课程实施的主体，是学校与社会合作的主动方，也是社会服务的提供方。因此，在社会服务开展之前，学校应该对社会需求进行一定的调研，对社会所需有所了解之后，结合学生发展的需求，制订社会服务方案，并与服务对象达成共识。

就操作层面而言，《指导纲要》指出，社会服务的关键要素包括：明确服务对象与需要；制订服务活动计划；开展服务行动；反思服务经历，分享活动经验。

在这个关键要素里，我们需要特别注意的是“服务活动计划”和“反思服务经历，分享活动经验”。

社会服务活动计划包括了服务行动开展之前的准备工作、服务行动以及服务行动后的反思和分享。社会服务活动计划往往是最容易被教师忽略的。因为社会服务活动需要做大量的准备工作，相比之下，文字性的活动计划就显得并没那么重要。但是，“凡事预则立不预则废”，制订计划是所有教育活动的基本要求。因此，服务活动计划的制订是社会服务必不可少的要素。没有服务活动计划的社会服务活动随意性很大，很难高效地实现课程设置的目标，更无法防控社会服务活动过程的各种风险。

社会服务活动计划又是最容易被教师误解的。因为社会服务活动计划与社会服务行动计划是相近的两个概念。传统的社会服务，其核心关注点是服务行动，教师更多的是撰写社会服务行动计划。而在综合实践活动里，社会服务行动计划是社会服务活动计划中的重要组成部分。

因此，在社会服务活动设计的过程中，应该高度重视服务活动计划的制定。

反思和分享是在社会服务行动后的环节。这个环节与服务行动本身既密切联系又相对独立。因为服务行动过程不适宜进行反思和分享，因此，这个环节安排在服务行动之后相对适宜的时间和空间。这个环节容易被教师忽略，因为传统的社会服务往往缺少这个环节，而且这个环节开展起来难度相对较大。反思和分享是重要的教育手段和学生发展途径，社会服务活动只有通过反思和分享才能强化其教育价值，彰显其教育作用，因此反思和分享是社会服务活动的必要环节。

【案例 3-8】

小小解说员

某小学学生小东周末随父母到当地参观某名人纪念馆时，发现纪念馆里的解说员人手不足，有些参观团和散客需要等上一个多小时才能获得解说服务。于是他萌发了到纪念馆当解说员志愿者的想法。

他把自己的想法告诉了老师。在老师的指导下，小东与纪念馆管理处联系，了解纪念馆解说员的情况和纪念馆在解说员方面的需求。纪念馆管理处告诉小东：纪念馆的解说员能应付日常的参观，但是在节假日，游客较多，解说员就会忙不过来；纪念馆现有的解说员从装束到语调都是统一的，不能满足不同年龄的游客的需求；适逢建党一百周年，纪念馆承担着红色文化传承与发展的职责，培养小小解说员是履行这个职责的新途径，纪念馆非常愿意去探索。纪念馆和小东达成了开展社会服务的共识。

在老师的指导下，小东迅速组织了十余名感兴趣的同学组成了综合实践活动小组，开展小小解说员志愿者活动。他们拟订了活动方案，并与纪念馆就活动方案实施达成了一致。

纪念馆与指导老师、小组成员一起拟定了一套小小解说员讲解词，并派出工作人员在纪念馆对小组成员开展了现场培训，指导小组成员通过查阅纪念馆和图书馆的资料、采访当地居民和名人后人等方式，加深对解说材料的理解。同时，在老师和工作人员的指导下，小组成员设计了小小解说员志愿者的服饰。培训结束后，小组成员利用节假日到纪念馆从事小小解说员志愿者活动，帮助纪念馆缓解解说员人手不足的问题，为参观的游客提供解说服务。

小小解说员志愿服务活动开展了一个月之后，在指导老师和纪念馆工作人员指导下，小组成员在纪念馆举行了“我是小小解说员分享会”。会上，每位小组成员都分享了自己在活动中的收获和体会，在教师和工作人员的指导下，小组成员对这次活动进行了全面总结，为以后的活动提供了有益借鉴。

【案例点评】

我们来分析一下社会服务对学生发展的价值。社会服务对学生发展的价值主要体现在两个方面。一是有利于促成学生所学的知识向能力的转化。二是有利于培养学生的担当精神。这在社会服务活动的定义里表述得非常清楚，在这里就不再展开。

二、社会服务的教育价值

社会服务活动有着重要的教育价值。

（一）健全学生人格

健全学生人格是教育的重要价值。社会服务活动在健全和发展学生人格方面发挥着重要作用。

一方面，社会服务活动可以培养学生的亲社会人格。亲社会人格是一种持久地关注他人福利和权益、对他人表示移情和关怀的倾向的人格。亲社会人格可以通过亲社会行为来培育，也可以进一步强化个体的亲社会行为。常见的亲社会行为包括帮助、分享、合作、安慰、捐赠、同情、关心、谦让、互助等，学生的社会服务活动就是在践行这些亲社会行为，升华他们的亲社会情感，培育和强化他们的亲社会人格。

另一方面，社会服务活动可以培养学生“履职尽责、敢于担当”的精神。社会服务活动鼓励和引导学生勇于承担作为社会公民应尽的责任和义务，全面履行作为某项工作承担者应尽的职能职责。学生在活动中可以体验和感受承担责任和义务、履行职能职责的艰辛和荣耀，主动接受并养成“履职尽责、敢于担当”的精神。

【案例 3-9】

我是小小志愿者

“我是小小志愿者”综合实践活动结束了。同学们围坐在一起，为活动经验分享作准备。他们准备了一个环节，要求大家说说各自在活动中的收获。

轮到小玉分享活动收获时，她忽然哭了起来，说：“以前总觉得其他同学和我是竞争关系，总害怕其他同学比我优秀。其他同学向我请教难题的时候，我总不愿意解答，敷衍了事。于是，我与其他同学的关系一直不太好。在小小志愿者活动中，我发现相互不认识的同学之间都有真诚的帮助，而且，当我有困难的时候，其他同学也非常乐意帮助我。我经常深深地被同学们纯洁的友谊和无私的帮助感动。以后，无论其他同学遇到什么困难，我理所当然也应该帮助大家。”

（二）帮助学生正确认识社会

社会服务活动有助于学生正确认识社会，因为社会服务活动为学生提供了更加丰富多样的接触社会的视角和方式方法，展示了多种社会形态，可以帮助学生获得更加全面、完整的社会认识，为学生正确认识社会奠定基础。

学生日常接触社会的视角主要是未成年社会成员的视角。他们在社会和成年人面前是弱小和需要保护的。而在社会服务活动中，学生接触社会的视角是相对的强者视角，他们能向其他社会成员提供服务和帮助。

由于与社会的直接互动较少，学生日常接触社会的方式方法比较单一，主要是观察。在社会服务活动中，学生可以通过提供社会服务的方式与成年人进行语言、行动等全方位的互动。由于学生的社会生活场景不丰富，他们日常接触到的社会形态相对单一。社会服务活动丰富了学生的社会生活场景，能使学生看到更多的社会形态。

【案例 3-10】

公益义卖助贫困

市第一小学“公益义卖助贫困”综合实践活动小组的同学用义卖收入购买了一些学习文具，送到学校负责帮扶的贫困户家，准备资助贫困户家读小学的小男孩。

当同学们来到贫困户家的时候，他们发现贫困户家的小男孩瘫痪在床，被褥破烂不堪。送教上门的老师正在床边辅导小男孩学习。小男孩盯着老师的双眼里充满对知识的渴望。

同学们看到这一幕，都受到了极大的震撼。这是他们人生第一次看到如此艰苦的景象。他们从来没有想过会有生活如此贫困却又如此渴望学习的同龄人。

活动交流的时候，同学们都不约而同地提起这个小男孩。他们都认为自己被这一幕震撼了，并认识到自己的生活多么幸福，而这个世界上还有一些困难的同龄人需要大家真心诚意的帮助，帮助他们过上幸福的生活。

（三）增加学生实践智慧

实践智慧是指人们紧紧围绕目标，对与目标实现有关的事物之间的复杂关系有准确的判断，并及时作出行动决策，最终高效地实现目标的能力。对事物之间的复杂关系进行准确判断和决策的经验无法在知识或者描述中穷尽，因此，实践智慧只能在实践中通过反思、提炼、升华、丰富个体实践经验来获得。

社会服务活动为学生体验事物之间的复杂关系、丰富学生的实践经验提供了很好的机会和平台，以提升学生实践智慧。

三、社会服务的实施原则

学生在设计和实施以社会服务为主的综合实践活动时需要遵循以下原则。

（一）因需服务原则

因需服务原则是指根据服务对象和学生发展的需要提供社会服务。是否能做到因需服务，是衡量社会服务质量的重要标准之一。设计和实施所有的教育活动首先应考虑的是学生发展的需要。因此，在这里的因需服务的重点是社会需要。

服务对象最终必然是人，但是，直接服务对象可以是人，也可以是机构或组织（例如学校、社区、国家和国际社会等）、动物、植物、环境等。确定服务对象之后，应该深入了解和研究服务对象的真实需要。只有准确把握服务对象的真实需要，才能提供受服务对象欢迎和认可的服务；只有得到服务对象欢迎和认可的服务，才是真正有效的服务。反之，低效或无效的服务只会对服务对象造成干扰甚至伤害，产生负面影响，引起服务对象的不满。

【案例 3-11】

有记者到敬老院了解情况，但老人们却一脸无奈，原因是最近这几天有很多社会服务团队争相到敬老院来提供志愿者服务。他们到了敬老院，把搞卫生当作“必做项目”。所以，现在敬老院一尘不染。一位老婆婆对记者说：“今天这个窗已经被志愿者擦了四次了。”记者也无言以对。

【案例点评】

在这个案例里，社会服务活动并没有考虑到敬老院和老人的真实需求，而是为了“服务”而服务。这种社会服务并没有满足服务对象的需求，反而给敬老院和老人带来了诸多烦恼。

（二）适合性原则

不同年龄段的学生有着不同的身心基础和年龄特征以及劳动能力、服务能力。社会服务的内容和强度要适合学生的身心基础、年龄特征、劳动能力和服务能力。超出学生能力的社会服务或者劳动强度超出学生身心可承受范围的社会服务，可能会对学生造成一定的伤害；而低于学生能力的社会服务或劳动强度太低，对于学生而言又达不到教育的目的。这都是不符合教育要求的。

因此，每个年龄段学生的社会服务重点和内容都有所不同。根据《指导纲要》中的“社会服务活动推荐主题及其说明”，1~2 年级小学生的社会服务活动偏重自我服务劳动和集体劳动。3~6 年级小学生偏重家庭服务劳动、志愿者服务、公益劳动等。

（三）综合性原则

开展社会服务活动的本义是引导学生综合所学知识和能力服务社会。在这个过程中，学生将学科教学中所获得的知识和能力转化为具体的社会劳动和社会服务。但是，由于学生的大多数知识来源于学科学习，而学科知识与实践有着明显的差异，学生缺乏相应的综合和转化经验。因此，对于学生如何使用所学知识和已有能力去开展社会服务，需要教师加强引导。

【案例 3-12】

老师指导六年级的同学们开展了一次爱心义卖活动。在活动中，老师引导学生填写账本、描述和推销商品、制作宣传海报、联系福利机构等。学生在老师的指导下综合利用了数学、语文、美术等学科知识，顺利完成了活动。

【案例点评】

在这个案例里，同学们在老师的指导下打破了学科之间的藩篱，实现了学科知识的综合运用。这是较为成功的案例。

（四）体验和反思原则

体验和反思是促进学生的情感升华、价值观形成、品格发展、素养提高的重要环节。但是，由于学生自身的情感、价值观和素养都不成熟、不稳定，教师需要对学生体验和反思的方向、深度加以引导。

【案例 3-13】

敬老院志愿者服务综合实践活动

小明和同学们开展了一次敬老院志愿者服务综合实践活动。他们到敬老院的时候，受到了老人们的欢迎。在小明为一位老人削苹果的时候，老人忽然哭了。老人哭着对小明说，自己的家人已经一个月没来探望过自己了。小明一下子不知所措。指导老师见状，马上走了过去。在老师的安慰下，老人止住了哭泣。老师劝慰老人，多理解家人的工作压力大、事情多，建议老人主动与家人沟通。指导老师又引导小明：人与人之间的关系需要通过沟通和相互理解来维系，因此，我们需要帮助老人与家人相互沟通、相互理解。同时，作为家人，有责任、有义务赡养老人，但是，赡养不仅仅是指在物质上提供必要的生活条件，还应该提供精神上的陪伴和慰藉，对需要特殊照顾的老人还应多关心。小明在这个细节上体会到了作为子女、作为家庭成员的社会责任，他暗暗下定决心，等自己长大了，一定要把这个责任承担好，让父母有一个幸福的晚年。

在活动结束后的分享环节，小明把自己的这些收获与同学们作了分享，得到了同学们的认同。

【案例点评】

在社会服务中，对学生有教育意义的不一定都是宏观、显在的事件，也可能是微观、隐在的事件。在这个案例里，老人的哭诉就是微观和隐在的、具有强烈教育意义和价值的因素。教师引导小明进行体验和反思，实现了这个因素应有的教育价值。

（五）安全性原则

社会服务的活动地点在教室以外或校园以外。离开了最安全的教室和校园，不安全的因素有所增加，甚至还可能有无法预见的安全隐患。学生是未成年人，其安全责任就全部落到指导老师和实践基地的肩上。

因此，社会服务活动的组织需要高度重视学生的安全，对往返途中、服务现场等环节存在的风险应该进行较为全面的排查和了解，尽量考虑周详，严密组织活动，减少不安全的因素，确保学生的财物、人身安全。这些安全措施应该反映到活动方案里。

以上是社会服务综合实践活动设计与实施需要遵循的五个基本原则。缺少任何一个原则，都可能会导致社会服务低效，甚至带来一些负面的影响。

第三节　设计制作

一、设计制作是什么

小学综合实践活动的第三种活动方式是设计制作。

设计制作是学生运用各种工具、工艺（包括信息技术）进行设计并动手操作，将自己的创意、方案付诸现实，转化为物品或作品的过程，如动漫制作、编程、陶艺创作等。它注重增强学生的技术意识、工程思维、动手操作能力等。在活动过程中，要鼓励学生手脑并用，融会贯通各类知识和技巧，以提高学生的技术操作水平、知识迁移水平，让学生体验工匠精神。

设计制作的本质是创意物化，要求学生根据自己的创意、方案选择和使用工具、工艺制作作品，而不是要求学生学习了工具、工艺之后通过制作某些作品来练习。换而言之，设计制作是以项目为载体的，以从事一项任务、形成一种产品、进行一项设计的项目形式展开，而不是以学科知识学习为载体的某科学课程（如信息技术课）的练习或者学科活动。

二、设计制作的教育价值

设计制作蕴含着丰富的教育价值。

首先，要培养学生的工具意识。使用工具是人类产生的标志。荀子说，“君子善假于物”。因此，工具意识的培养对学生是非常重要的，学生不仅要处处考虑如何使用工具，还要考虑如何选择合适的工具以提高活动的效率。学生在设计制作中要从自己的创意出发，运用已有的知识，选择适当的工具。这个过程能让学生深刻领悟到知识与工具的关系以及工具的重要性，从而形成工具意识。

其次，要培养学生的创新能力。创新是设计制作之始。设计制作强调学生将自己的创意、方案付诸现实。也就是说，先有了学生的创新，才会有后面的制作过程。创新是设计制作之魂。设计制作从创新开始，以创意制作为过程，以创新作品呈现为结果，以创作反思为结束。全程都是以创新为核心的。可以说，没有创新就没有设计制作活动。

最后，要培养学生的工程思维。工程思维是人类最常见、最重要的思维方式之一[①]，是人们在开展工程活动和工程研究过程中形成的以工程为主题的思维方式，其核心是工程设计思维和工程建造思维两个部分。设计制作活动包括了创意设计和作品制作，从本质上说，设计制作的过程蕴含了工程思维，因此，它的主要功能之一就是培养学生的工程思维。

三、设计制作的实施原则

设计制作活动的实施应该遵循以下原则。

（一）实用原则

设计制作活动实施的实用原则是指设计制作的作品应该具有一定的实用价值。设计制作某个作品的目的是通过作品满足人们的某种或某些需求，因此，任何设计制作的作品都有其实用价值。作品的实用价值主要体现在两个方面。首先，作品要能较好地满足人们的需求。这要求设计作品的作者对人们的需求有较为准确的分析和把握，并努力通过作品对人们的需求进行回应。其次，作品要能便捷地发挥其实用价值。作品发挥其实用价值的途径和方式应该是直接和方便的；否则，作品的实用价值将不会得到认可。

【案例 3-14】

魅力陶艺世界

“魅力陶艺世界”综合实践活动小组在陶艺基地老师的指导下设计制作了一批陶艺作品，有用于欣赏的动物，有用于纪念的各种摆件，也有一些小泥丸。但是，最后

---

① 李伯聪. 工程思维的性质和认识史及其对工程教育改革的启示［J］. 高等工程教育研究，2018（4）：45-54.

留下来的只是一些做得较好的动物陶具和小部分摆件，其他的作品都被丢弃了。

【案例点评】

在同学们的陶艺作品中只有一部分动物和摆件被保留了下来，其他作品却被丢弃了。被保留下来的陶艺作品，要么满足了人们的审美需求，要么满足了人们纪念事物的情感需求，要么满足了人们的生活实用需求。被丢弃的陶艺作品，基本上都属于没有实用价值的作品。可见，设计制作作品的实用价值是多么重要。

（二）训练原则

设计制作活动的训练原则是指设计制作的过程对学生有一定的训练价值。训练是学生在接受学校教育期间的重要学习方式。换而言之，训练价值是教育价值的一种特殊表征。设计制作的训练价值主要体现在技术意识、工程思维、动脑设计、动手制作、知识迁移、工匠精神等方面的培养上。

坚持训练原则，首先要避免设计制作活动的低水平重复，如废物利用的设计制作。设计制作综合实践活动应该避免反复利用废弃饮料塑料瓶设计制作花篮、利用废弃纸箱设计制作各种容器等。

其次要以问题为导向。在不同的场景中遇到不同的问题，设计制作的目的、过程、材料选择、工艺使用等都有所不同，设计制作的训练价值也有所不同。

【案例 3-15】

我是电脑小画家

“我是电脑小画家”综合实践活动小组学习使用 Windows 11 自带作图软件画画。同学们学会了使用该软件的各种工具和技巧，还创作了一些作品。但是，很快大家就觉得无聊了，他们发现作图软件上的工具和画画技巧都基本掌握了，没什么新的东西可以学了。

有位同学突然提出，听说政府要在沱江上建一座新桥。既然大家都学会了使用作图软件画画，为什么大家不设计一座新桥呢？于是大家分成三个小组，每个小组单独设计一座新桥。每个小组还分别从审美、实用、合理等方面对新桥进行了解释和说明。

【案例点评】

学生在刚接触作图软件时，会对作图软件的各种功能很好奇并积极探索这些功能。此时，作图软件对学生而言具有一定的训练价值。但是，当学生充分探索了这些功能之后，依旧低水平地重复这些功能，作图软件的训练价值将逐渐消失。而新的问题出现会引导学生在审美、实用、合理等要求之下创造性地重新组合作图软件的各种功能，获得新的训练价值。

再次，要充分发挥手脑结合的教育价值。设计制作活动就是设计+制作+交流展示，是动脑+动手+动脑的过程。因此，在设计制作活动中，学生肯定是手脑并用的。只用脑不用手是行不通的，因为只有创意，不动手，创意是无法物化的；而只动手不动脑也是不行的，如果没有创意，就根本不存在创意物化的过程。即使有了创意，有了制作，如果不继续动脑，也无法很好地进行作品交流展示，无法让别人对自己的设计构思、作品用途等有较为全面准确的理解。

最后，还要发挥设计与制作的教育价值。设计是否有效，需要通过制作作品来证明。因此，设计时要考虑是否具备作品制作的条件，如果不具备，又应如何为作品制作创造条件。也就是说，在设计的过程中不能天马行空不着边际，要基于客观事实和客观条件。当然，天马行空的想象也并非没有价值。

下面，来看一个案例。

【案例 3-16】

机器人消防员

小雷是某小学五年级的学生。有一天，他从新闻上了解到，本市某大厦失火，在救火抢险过程中，两名消防员在大厦里牺牲。全市市民自发送别两名消防员。

小雷很震惊。他想，如何保证消防员在救火抢险过程中的安全呢？有没有什么办法能够让消防员既能救火，又能远离火灾危险呢？他把自己的想法告诉了老师。老师让他找几个同学一起探讨这个问题。

同学们的讨论很激烈，大家都认为消防员是很伟大的职业，保护了人们的财产和生命安全，大家也应该想办法保护他们的生命安全。同学们提出了很多想法和建议。例如，加大水压，让水枪喷射得更远；改良消防员服装，让消防员的服装更耐热、耐火；给消防员配备特殊照明设备，让消防员在浓烟中看到灾情……

很快，同学们就把注意力聚焦到了制作消防机器人上。但是如何让机器人顺利地在复杂的火灾环境中穿行，准确地扑灭大火呢？于是，同学们组成了机器人消防员制作小组。围绕机器人如何准确扑灭大火的问题，大家想了一个方案：给机器人编程时，输入建筑的结构图，同时，给机器人安装各种传感器，让机器人通过传感器“看到”火灾现场。机器人消防员在“熟悉”的房屋中，能“看到”并且避开各种障碍物，通过温度传感器分辨生物、火源、水源，迅速准确地扑灭火源。在老师的指导下，同学们通过咨询计算机行业专家、消防专家以及资料查询，论证了该方案的可行性。

同学们开始分工合作，一部分同学在详细了解了火灾现场的复杂环境对机器人使用的各种材料的要求后，准备了制作机器人的材料；一部分同学在了解编程的种类和用途后，在信息技术老师的指导下学习给机器人编程；一部分同学通过查阅资料、咨询消防部门了解火灾的各种复杂场景后，为机器人消防员准备模拟火灾现场的测试实验场地。

经过多轮实验，同学们对机器人的结构、程序等进行了多次论证和调整，最终做出了较为满意的机器人作品。

在老师的帮助下，他们为自己的作品在校园里举办了一次展示和交流，得到了其他同学和学校机器人兴趣小组的热烈响应，受到了学校小记者的采访和报道。

展示和交流结束之后，在老师的指导下，同学们进行了总结和反思，为机器人消防员的改进提出了一些想法，也为以后开展同类的活动总结了经验，提供了借鉴。

（三）技术原则

设计制作活动实施的技术原则是指设计制作活动应该提高其技术化程度，加大其技术含量，提高设计制作活动的技术附加值①。设计制作的过程本质上是对原材料进行技术加工的过程，是设计制作者对象化的过程，因此，设计制作的过程具有较为突出的技术属性，也是创造技术含量和技术附加值的过程。可见，提高技术化程度是设计制作的必然追求。

科学技术在设计制作过程中的应用，是提高设计制作作品的技术含量和技术附加值的有效手段。在设计制作活动的实施过程中，应用的科学技术越丰富、越先进，作品的技术含量和技术附加值就越高。

在设计制作活动中坚持技术原则，既可以提高设计制作作品的质量和价值，又能有效训练学生使用科学技术的能力。

第四节　职业体验

一、职业体验是什么

职业体验是综合实践活动中最有特色的一种活动方式。《指导纲要》指出：

① 产品本身的应用技术改进后所创造的那一部分剩余价值称为技术含量；在产品生产过程中，因采用先进技术而降低了成本或提高了质量、扩大了销售量而增加的那一部分剩余价值称为技术附加值。参见奚洁人主编的《科学发展观百科辞典》（上海辞书出版社，2007 年 10 月）。

职业体验指学生在实际工作岗位上或模拟情境中见习、实习、体认职业角色的过程，如军训、学工、学农等。它注重让学生获得对职业生活的真切理解，发现自己的专长，培养职业兴趣，形成正确的劳动观念和人生志向，提升生涯规划能力。

职业体验是非常重要的活动形式。而我们需要区分“职业”与日常用语的“工作”这两个概念。

职业是个人所从事的服务于社会并作为其主要生活来源的工作。根据 2015 年版的《中华人民共和国职业分类大典》，我国的职业有 8 个大类、75 个中类、434 个小类，有 1 481 个职业。随着经济社会发展和科技进步，产生了很多新职业。2021 年修订的《中华人民共和国职业分类大典》进一步健全完善了符合中国国情的现代职业分类，纳入了更多的新产生的职业。我们日常用语的“工作”广泛地指劳动，也包括了那些不是工作者主要生活来源的劳动。

因此，“职业”与日常用语的“工作”是不同的，后者的范围比前者要宽泛得多。综合实践活动的职业体验不能把两者混淆起来，应该从 1 481 个职业中选择综合实践活动的“职业”。

二、职业体验的教育价值

职业体验最重要的教育价值是职业启蒙。

在职业体验中，体验本身并不是目的，而是一种途径，其目的是要形成对职业的初步认识，了解各种职业的工作内容、工作流程、工作方式等；培养职业兴趣，发现自己喜欢的职业；初步规划职业生涯。因此，职业体验在基础教育中发挥着职业启蒙的作用。

三、职业体验的实施原则

（一）活动内容的选择要坚持以问题为导向

可以用于体验的职业及其相关内容很多，具体选择哪个职业、职业的哪些方面作为活动内容，需要坚持以问题为导向。换而言之，职业体验要有重点，否则职业体验将会变成走马观花。

职业体验导向的问题源于学生的兴趣。学生的兴趣并不能形成问题，指导老师应该在学生兴趣的基础上引导学生形成关于特定职业的清晰的问题，并以这些问题为导向，选择特定职业及相关内容作为职业体验的重点。

（二）总结、反思和交流必不可少

总结、反思和交流是必不可少的环节。学生新鲜和兴奋的心理状态、动态的职业工作流程、复杂的职业环境等因素，可能会导致学生在实际岗位演练过程中迷失在体验之中，没有认真思考职业、自己的专长和职业兴趣，忽略了劳动观念和人生志向的形成，也忽略了生涯规划能力的提升，最终削弱职业体验带来的职业启蒙效果。这个环节能及时对实际岗位演练环节进行补充，强化实际岗位演练过程的职业启蒙作用。

（三）活动成果的应用不可忽略

根据《指导纲要》的要求，“总结、反思和交流经历过程”不是职业体验活动的最后一个环节。这个环节之后，还有“概括提炼经验和行动应用环节”。也就是说，总结、反思和交流经历过程之后，还需要把总结、反思和交流的结果应用于学习。例如，强化某些职业技能学习和训练，改变生活、学习的习惯或方式等。

【案例 3-17】

“粒粒皆辛苦”综合实践活动

2021 年 4 月 29 日，我国公布了《中华人民共和国反食品浪费法》。小学三年级学生小梅从媒体上了解到，这是我国第一部专门防止食品浪费的法律。她对此产生了疑惑：粮食生产技术那么发达，粮食年年丰收，现在还有必要那么节约粮食吗？

老师告诉小梅，粮食生产是很不容易的，而且，世界上还有很多人吃不饱穿不暖。老师建议小梅找几个对这个问题感兴趣的同学一起实地考察农民种植粮食的过程，到学校的劳动教育基地亲自动手种植一些粮食。

于是，小梅和几位同学组成了“粒粒皆辛苦”综合实践活动小组，并在老师的指导下完成了活动方案设计。

小组活动是这样安排的：

在老师的带领下，同学们到农村实地调研和考察本地粮食作物的种类、种植季节和周期、种植流程和管理、种植成本、粮食作物的加工和价值等，并到农田里向农民伯伯现场学习认识和种植粮食作物。

实地调研和考察结束之后，每人选择一种粮食作物，在学校的劳动教育实践基地开展种植实践。在种植实践过程中，同学们各自负责自己种植的粮食作物的管理，例如除草、浇水、施肥等，同时使用自己喜欢的方式（如画画、文字描述、数据表格、摄影等）记录粮食作物生长的过程。粮食作物成熟收获后，有的同学还把它们进行了加工。例如，有的同学把油菜籽晒干并送去当地作坊加工成菜籽油。

在老师的指导下，同学们分享了自己的劳动成果，并对粮食作物种植、收获及加工开展了交流，围绕“为什么要节约粮食”的核心问题和活动收获进行了总结和反思。

同学们在综合实践活动成果的基础上，向全校同学开展了一次以珍惜粮食为主题的宣传活动，并制作了相关的宣传标语、资料张贴到学校食堂，呼吁全校同学一起节约粮食。

【案例点评】

在这个案例里，老师指导学生选择了农民这一职业情境开展职业体验。他们先到真实的职业情境、实际岗位调研考察、学习种植粮食作物的相关知识和技能，然后到设计模拟的职业情境——学校劳动教育基地进行职业实践。在总结、反思和交流经验的基础上，对活动成果进一步概括提炼，并将其用于以珍惜粮食为主题的校园宣传行动。

第五节　其他活动方式及活动方式的选择

《指导纲要》指出：

综合实践活动除了以上活动方式外，还有党团队教育活动、博物馆参观等。综合实践活动方式的划分是相对的。在活动设计时可以有所侧重，以某种方式为主，兼顾其他方式；也可以整合方式实施，使不同活动要素彼此渗透、融会贯通。要充分发挥信息技术对各类活动的支持作用，有效促进问题解决、交流协作、成果展示与分享等。

实际上，没有独立存在的一种活动方式或内容。任何综合实践活动均以某种活动方式为主，且涵括了若干种活动方式（组合）；任何一种活动方式都包含了其他若干种活动方式。因此，在实施综合实践活动时，要注意活动方式的选择和原因。

一、活动方式的整合

活动方式的划分是相对的。小学综合实践活动是复杂的，其活动方式也是复杂的，我们难以把各种活动方式绝对割裂。同时，任何一个小学综合实践活动都不可能仅局限于某一种活动方式，用一种活动方式来实现小学综合实践活动课程的所有目标。因此，在一个小学综合实践活动中，以某种活动方式为主、综合各种活动方式是必然的、合理的，也是不可避免的。

【案例 3–18】

生活垃圾的研究

“生活垃圾的研究”是《指导纲要》里推荐的考察探究活动主题。《指导纲要》对该主题作了简要说明：“收集资料、了解国内外垃圾分类和处理的有关内容，调查、了解身边各种生活垃圾的处理方法；分析针对现状问题可采取的措施，设计家庭（学校、社区）垃圾箱和垃圾有效分类回收的方案，增强环境保护意识。”

【案例点评】

这个综合实践活动是以考察探究的活动方式为主，综合了设计制作（设计垃圾箱和垃圾有效分类回收方案）、社会服务（为家庭、学校和社区提供服务方案，推动家庭、学校和社区的垃圾分类回收工作）等活动方式。

二、选择适当的活动方式

小学综合实践活动选择活动方式的基本依据主要有如下四点。

（一）小学综合实践活动的主题

小学综合实践活动的主题是选择其活动方式的重要依据。不同的活动主题可以选择不同的活动方式，但是，有的活动主题不适合选择某种或某些特定的活动方式作为主要活动方式。例如，“神奇的影子”活动可以选择考察探究为主要的活动方式，但是不应该选择职业体验作为主要活动方式。

（二）小学生身心发展规律

小学生身心发展规律也影响综合实践活动的活动方式选择。例如“范长江精神传承与发展”综合实践活动。由于小学低段学生技能水平较低、以形象思维为主，该综合实践活动可以采取考察探究或职业体验为主的活动方式开展。小学高段学生技能水平相对较高，其抽象思维正在萌芽和发展，该综合实践活动则可以采取设计制作或社会服务为主的活动方式开展。

（三）开展小学综合实践活动的外部条件

小学综合实践活动开展需要外部条件支持。在选择活动方式时，应该因地制宜。例如“跟着节气去探究”综合实践活动。农村的小学生可以采取农民职业体验为主要活动方式，综合考察探究、社会服务、设计制作等活动方式来开展。城市的小学生可以以考察探究为主要活动方式，综合职业体验等活动方式来开展。

【案例 3-19】

跟着节气去探究（一）

中山学校“跟着节气去探究”综合实践活动小组的同学在老师的指导下开展了为期一年的活动。

同学们首先通过查阅资料获得了二十四节气、农耕文化的相关知识等，其次采访了当地农民，了解了本地在不同节气的农耕、农作物利用等情况。在不同的节气来临时，组成农耕互助队，在家长和老师的指导下，帮助综合实践活动小组的每位同学的家庭完成一小部分农耕工作和农作物利用工作。

同学们完成了一年的农耕工作后，深刻地体会到古人关于节气和农耕文化的智慧。

跟着节气去探究（二）

第一小学“跟着节气去探究”综合实践活动小组的同学在老师的指导下开展了活动。

同学们首先通过查阅资料获得了二十四节气、农耕文化的相关知识，其次采访了当地农民，了解了本地在不同节气的农耕、农作物利用等情况。在本地农业科学研究院的专家指导下，同学们在学校农耕基地种下了当季的玉米，并观察和记录玉米随着节气变化而生长变化的情况。

【案例点评】

案例一是农村小学生开展的综合实践活动，案例二是城市小学生开展的综合实践活动。城市和农村能为综合实践提供的环境条件支持差别较大。农村可以为学生提供广阔的实践基地、较多职业体验的机会。因此，农村的学校可以充分利用这个优势，以职业体验为主要活动方式，较为完整地探索二十四节气及相关的农耕文化，全面实践一年的农耕工作。城市能给学生提供的实践基地和职业体验的机会都比较少。因此，城市学校可以避开这个劣势，以考察探究为主要活动方式，探索二十四节气变化与特定农作物（玉米）的生长变化关系。

（四）充分发挥信息技术的支持作用

信息技术是人们沟通交流、解决问题的工具。在信息时代，社会成员应该拥有基本的信息技术素养，能熟练地运用信息技术工作、学习和生活。因此，综合实践活动课程应该强调信息技术知识和技能的全面融入，加强学生信息技术素养的培育。

第四章

小学综合实践活动课程的规划与实施

学习目标

1. 了解小学综合实践活动课程规划的四个原则。
2. 理解小学综合实践活动课程规划时需要正确处理的三对关系。
3. 掌握小学综合实践活动课程实施的支持要素。
4. 掌握小学综合实践活动课程的核心要素。
5. 熟练撰写综合实践活动课程方案。

第一节　综合实践活动课程规划基本原则

《指导纲要》指出：

中小学校是综合实践活动课程规划的主体，应在地方指导下，对综合实践活动课程进行整体设计，将办学理念、办学特色、培养目标、教育内容等融入其中。要依据学生发展状况、学校特色、可利用的社区资源（如各级各类青少年校外活动场所、综合实践基地和研学旅行基地等）对综合实践活动课程进行统筹考虑，形成综合实践活动课程总体实施方案；还要基于学生的年段特征、阶段性发展要求，制订具体的"学校学年（或学期）活动计划与实施方案"，对学年、学期活动作出规划。要使总体实施方案和学年（或学期）活动计划相互配套、衔接，形成促进学生持续发展的课程实施方案。

从综合实践活动课程规划的要求来看，综合实践活动课程规划应该遵循以下原则。

一、整体规划原则

整体规划原则要求学校把综合实践活动课程视为基础教育课程不可或缺的部分，将办学理念、办学特色、培养目标、教育内容等融入其中。

整体规划原则要求学校不能把综合实践活动课程视为课程之外的工作、学校的额外工作，与学校办学理念、办学特色、培养目标、教育内容无关的活动。换而言之，综合实践活动课程也是实现学校的办学理念、办学特色、培养目标不可或缺的课程和途径。

另外，由于综合实践活动课程的特性，所有的教育内容都可以以适当的形式融入综合实践活动课课程。这既突出了小学综合实践活动课程与学科课程之间密不可分的关系，又强调了小学综合实践活动课程与学科课程“并列设置”的关系。

下面，我们通过内江市东兴区椑木镇中心学校综合实践活动课程规划的案例来理解整体规划原则。

【案例 4-1】

内江市东兴区椑木镇中心学校综合实践活动课程规划

内江市东兴区椑木镇中心学校从“感恩由心，爱满天下”的办学理念和“沁善如水，沐爱成人”的校训出发，确定了廉洁文化作为校园文化的主题。为了更好地发挥校园文化的育人功能，我们从设计开始，就充分考虑校园文化的综合实践活动化，把校园文化建设与小学综合实践活动总体实施方案设计结合起来。在校园文化建设的过程中，为小学综合实践活动的开展预留了大量的切入点和切入空间。本案例能很好地体现小学综合实践活动课程的整体规划原则。

为了让孩子们能够了解和认识廉洁文化，让他们能够形象地认识廉洁，学校在学校门口建了一个爱莲池，池子里种上荷花，池子旁边的墙上挂有周敦颐的《爱莲说》。老师们把孩子带到爱莲池旁，给孩子们解说《爱莲说》，让孩子们认识莲花，由莲花的出淤泥而不染引申到廉洁的品质。为了让孩子们更深入地认识莲花的廉洁品质，学校还邀请了内江师范学院的大学生和孩子们一起去田里赏莲花、挖莲藕，让孩子们看到莲藕的生长环境，认识莲花出淤泥而不染的高尚品质。通过生动形象的室外教学孩子们就很容易理解廉洁，从而培养他们从小就要做一个廉洁正直的人。学校地处沱江畔，江边堆有大量的鹅卵石，由此学校开展了“廉洁精神鹅卵石彩绘”小学综合实践活动。组织孩子们到沱江里捡鹅卵石，洗鹅卵石，在加工过的鹅卵石上书写廉洁寓言、廉洁故事、廉洁漫画，在木板上拼制鹅卵石作品。把数学知识、语文知识、美术知识、物理知识、化学知识、地理知识等融入这个综合实践活动。在这个活动中融入了德育教育、美育教育、劳动教育和体育教育，也充分激发了学生的创新能力，让学生的智慧在观赏爱莲池和创作鹅卵石作品中得到充分展示。

为了建设廉洁书吧，学校组织孩子们开展了一次“寻找廉洁书籍学习廉洁精神”小学综合实践活动。组织孩子们到国家出版总署数据库搜索关于廉洁的故事，到图书馆查询关于廉洁的书籍，通过阅读书籍发现古代和近代我国关于廉洁的故事，然后鼓励学生通过绘画、数据整理、音乐、话剧、征文、故事会等形式，把廉洁的书籍或廉洁的精神展示出来。孩子们制作了有大量的廉洁主题书籍的书目清单，学校还倡导孩子们主动为廉洁书吧捐书，丰富了廉洁书吧的收藏。

为了使校园文化更加形象化，更好地融入校园生活，孩子们开展了一次“廉洁形象我设计”小学综合实践活动。学校组织孩子们阅读书籍，了解中国传统文化中廉洁的形象标志；通过采访教师、公务员、企业家，了解他们对廉洁的认识和对廉洁形象的认识；通过搜集现行的廉洁方面的各种政策，认识保持廉洁的基本要求。然后通过分享和研讨，共同确定廉洁形象设计的基本理念和具体形象。最后由几位学生绘制出学校的廉洁主题校园文化的形象。最后选定了莲莲（男）、洁洁（女）、贝贝（男）、沐沐（女）作为廉洁主题校园文化的形象。

为了让孩子们积极参与廉洁文化的学习，培养孩子们的价值感和成就感，让孩子们自己评选出优秀的作品制作成书签和明信片，把精美的作品装裱好放置在学校显眼的位置。这些作品不仅装点了校园还丰富了校园廉洁文化的内容，还让孩子们在校园里处处看廉洁，时时学廉洁。

为了系统地发挥廉洁主题校园文化的育人效果，学校与内江师范学院省级社会实践一流本科课程“小学综合实践活动设计与组织”课题组联合开发了小学综合实践活动教材《廉洁种子种童心》，并于2020年将其出版发行。教材不仅使校园文化的育人作用更加系统和全面，还让综合实践活动课程总体实施方案得到更好的落实，避免了综合实践活动课程实施过程的随意性和育人效果的碎片化。

二、统筹资源原则

综合实践活动课程可以离开教室、离开校园，教室之外、校园之外的所有资源都可以成为学生成长的资源。因此，综合实践活动需要作为课程开发主体的中小学对校外的各种资源进行统筹，以更加有效地为学生开展活动、学生发展提供支持。《指导纲要》要求中小学校“要依据学生发展状况、学校特色、可利用的社区资源（如各级各类青少年校外活动场所、综合实践基地和研学旅行基地等）对综合实践活动课程进行统筹考虑，形成综合实践活动课程总体实施方案”。

统筹教育资源要从学生发展的需要出发，首先要了解综合实践活动课程有哪些、有多少资源可以加以利用，做到心中有数、因地制宜。其次要了解可利用的资源里有哪些特色资源可以用于开展哪些特色综合实践活动。再次，要与拥有资源的单位协调沟通，获得这些单位的同意和支持，让这些单位明确它们的责任和义务，明确它们拥有的资源在学生发展中发挥怎样的作用、如何发挥作用等。最后，要对综合实践活动指导教师进行一些简单的培训，让指导教师对这些资源有充分的了解，知道如何发挥这些资源的教育作用，使指导教师在指导综合实践活动课程的时候能做到游刃有余。

下面，通过广州市越秀区雅荷塘小学的“红色传承——农民运动讲习所之旅”综合实践活动的案例来深入理解统筹资源原则。

【案例 4–2】

“红色传承——农民运动讲习所之旅”综合实践活动①

毛泽东同志主办的农民运动讲习所旧址纪念馆（以下简称“农讲所”）坐落在广东省广州市中山四路 42 号。它原是番禺学宫，始建于明洪武三年（1370 年），于清代重建。农讲所是为适应蓬勃发展的农民运动形势而创立的。毛泽东任第六届农讲所所长。毛泽东、周恩来、恽代英等曾在此授课。农讲所开办了六期，共培养了 772 名毕业生与 25 名旁听生。他们毕业后奔赴全国各地从事农民运动，成为农民运动的骨干力量，对中国革命作出了很大贡献。1961 年，国务院将其列为全国重点文物保护单位。

农讲所是广州市越秀区雅荷塘小学的优质社区资源。雅荷塘小学在开发小学综合实践活动的时候对农讲所的历史、文化等进行了全面的搜集和梳理，然后与农讲所管理部门一起研究和沟通，面向小学五、六年级学生开发了总课时为 20 个课时的“红色传承——农民运动讲习所之旅”综合实践活动。

该课程以传承红色基因和传统文化为核心，以探究爱国主义基地——农讲所的历史、建筑、人物、事件等为主线，强化道德、科技、艺术的融合。

该课程根据《指导纲要》的要求，将课程目标设定为：

1. 价值体验

通过参与农讲所的综合实践活动，了解中华优秀传统文化和中国共产党的历史和光荣传统，获得有积极意义的价值体验，自觉践行社会主义核心价值观。

2. 责任担当

在活动中初步形成树立理想信念，传承与发扬中华优秀传统文化，继承革命精神；养成乐学善学、独立自强、热爱生活的态度，具有积极参与学校和社区生活的意愿。

3. 问题解决

能在教师的引导下，独立思考、独立判断，发现并提出自己感兴趣的问题，并勇于探究，大胆尝试，初步掌握有效获取、鉴别、使用信息的能力，积极寻求有效的问题解决方法。

① 全文引用雅荷塘小学综合实践活动方案文本。

4. 创意物化

通过参与研学，培养学习掌握各学科技术的兴趣和意愿，能够根据不同情境和自身实际选择或调整策略，能够将创意和方案转化为有形物品或对已有物品进行改进与优化，拓展和升华活动内涵。

从课程目标出发，课程框架被设定为农讲所的历史、农讲所的建筑、农讲所的红色记忆、农讲所的榜样人物、农讲所的精神传承5个单元。

其具体内容包括：

第一单元“农讲所的历史”。这个单元的重点是引导学生通过收集农讲所的历史资料探究农讲所的前身、农讲所的讲习班、讲习班的历程。

第二单元“农讲所的建筑”。这个单元的重点是指导学生走进番禺学宫探究岭南广府传统建筑，研究番禺学宫建筑的特点以及农讲所与番禺学宫的关系，竞选番禺学宫建筑代言人，设计农讲所参观路线。

第三单元“农讲所的红色记忆”。这个单元的重点是指导学生了解农讲所里“油画里的毛所长和学员”及其故事、了解农讲所纪念章的故事，设计农讲所解说词并开展小小解说员擂台赛。

第四单元“农讲所的榜样人物”。这个单元的重点是指导学生了解农讲所教员彭湃和学员之间教与学的经历，分小组在教员和学员中寻找自己学习的榜样，到烈士陵园寻找革命英雄的塑像、缅怀革命英雄。

第五单元“农讲所的精神传承”。这个单元的重点是参观农讲所里“星星之火，可以燎原”“毛泽东廉洁展”展览，观看革命纪录片，知国旗、画国旗，开展“荷韵书香读书会”、荷品教育微电影展、“国旗下幸福成长”红领巾校园剧创编等活动。

该课程设计具有自主性、开放性、实践性，让学生亲身经历和体验，引导学生在历史长河中追溯革命先辈的足迹，不忘初心，坚定理想信念，继承革命精神，承担时代使命；培养学生良好的道德意识、思想品质和道德行为，提升核心素养和关键能力。

在这个案例里，雅荷塘小学充分统筹了社区资源，为小学生开发了综合实践活动课程。这是一个很经典、很成功的案例。

社区资源是丰富的，需要综合实践活动开发教师和学生一起共同发现、共同开发、共同利用。

三、遵循学生身心发展规律原则

《指导纲要》指出：“（综合实践活动课程规划）还要根据学生的年段特征、阶段性发展要求，制订具体的‘学校学年（或学期）活动计划与实施方案’，对学年、学期活动作出规划。”

可见，遵循学生身心发展规律应该被视作小学综合实践活动课程规划的基本原则之一。

为贯彻该原则，至少应该做到以下三点。

1. 科学制定各个学段的综合实践活动课程目标

每个学段学生的身心发展水平、能力存在明显差异。因此，课程规划应该从综合实践活动课程小学阶段目标出发，根据这些差异和最近发展区理论，制定各学段符合学生身心发展水平的、可行的活动目标，并使这些目标形成循序渐进、层层递进的关系。

2. 根据各个学段的综合实践活动课程目标制订各学段活动计划和方案

紧紧围绕各学段的目标，准备并组织必须实施的主题，按照计划实施的先后及进度，形成学年（学期）活动计划。在活动计划基础上，进一步根据不同学段学生的身心特点及学习规律，选择适当的活动方式、活动内容、活动分工等，最后拟定活动方案。

3. 赋予学生主题选择权

除了必须实施的主题，教师应该赋予学生充分的主题选择权，让学生根据自己的兴趣、从自己的真实生活中提出问题，并在教师指导下，把问题转化为活动主题，最后形成活动方案。

【案例 4-3】

椑木镇中山学校综合实践活动课程规划（说明）

内江市东兴区的椑木镇中山学校是一所九年一贯制学校。学校因地制宜，打造以劳动技术为特色的综合实践活动。

为了确保不同学段的综合实践活动的课程目标纵向衔接、螺旋上升，活动内容和活动形式符合不同学段学生身心发展水平，学校根据劳动技术的重要程度将劳动技术综合实践活动分为基础性劳动综合实践活动（即生产劳动）、拓展性劳动综合实践活动（日常生活劳动）、延伸性劳动综合实践活动（服务性劳动）三大类。根据学生身心发展的阶段性，把学段划分为第一学段（1~2 年级）、第二学段（3~4 年级）、第三学段（5~6 年级）、第四学段（7~9 年级）四个学段。然后科学制定各学段三类综合实践活动的目标、计划以及活动实施方案，并建立各学段的学期劳动清单。

在基础性劳动综合实践活动中，要求学生有计划、有目的、自主地开展劳动实践活动，通过自主、合作、探究、解决问题等过程，形成正确的劳动观念，提高动手实践、解决问题及沟通的能力。

学校在蔬菜园、花园、百草园中为每个班级划定了种植区域。每个班级根据各自学段的特点，结合本地的农业特点，自行制订计划和方案，选择时令蔬菜或学科要求的观察类花卉苗木及生活中常见的中草药（如鱼腥草、薄荷、艾草）的种植与管理。

在拓展性劳动综合实践活动中，每个学段的同学需要通过开展有效的劳动实践活动，掌握1~2项生活技能，养成良好的家务劳动习惯，培育吃苦耐劳的精神。下面以两个主题的综合实践活动为例。

1. 我是生活小能手实践活动

第一、二学段的同学可以开展系鞋带、穿衣服、叠衣服等活动，第三、四学段的同学可以开展洗衣服、收拾打扫房间、学做一项家务等活动。

2. 利用班级劳动基地种植蔬菜瓜果

第一、二学段的同学可以把蔬菜瓜果带回家，向家长介绍蔬菜瓜果的种植过程，并向家长请教蔬菜瓜果的烹饪或食用方法。第二学段的同学还可以将收获的蔬菜、花苗等义卖后资助有困难的同学。第三、四学段的同学可以在学校“开心厨房”进行烹饪，并把烹饪好的食物带回家与家长分享，或者把种植的植物做成盆栽送给师长。

在延伸性劳动实践活动中，同学们以学段为单位组织开展劳动实践活动成果展示、劳动实践竞赛等活动，激发和强化学生的劳动积极性和主动性。

【案例点评】

榫木镇中山学校的综合实践活动课程规划尊重学生身心发展规律，并以学生身心发展的循序渐进、阶段性、因材施教等规律为根本原则，构建了科学合理的、以劳动技术为特色的综合实践活动课程体系。

学生是综合实践活动课程的主体、设计者，也是课程的客体。学生的生活经验、兴趣需要、思维特征、个性特点、知识基础、学习风格、能力水平等因素制约着综合实践活动的设计过程及活动目标。因此小学综合实践活动课程规划只有遵循学生身心发展规律，才能收到预期的效果。

四、配套衔接原则

这个原则要求总体实施方案和学年（或学期）活动计划应该构成对学生发展的连续促进作用，使得学生某一方面得到持续的发展。事实上，这是在试图避免学生发展的碎片化。在小学六年里，如果只有一个综合实践活动促进了学生某个方面的能力发展，那么，一方面从学生能力发展的角度来说，这是不够的；另一方面，学生这个方面的能力就会与其他能力相互脱节，学生的能力就会呈现出碎片化的状态。这是不利于学生终身发展的。

配套衔接原则在总体实施方案和学年（或学期）活动计划之间体现为以下几点。

第一，学年（或学期）活动计划是总体实施方案的细化子方案，其目标与总体实施方案一致，以实现总体实施方案为最高价值取向。

例如总体实施方案的价值体认总目标。学年（或学期）活动计划应该包含它并能切实实现总目标的阶段性目标。如果每个学年（或学期）的活动计划都实现了阶段性目标，就能确保总体实施方案的价值体认总目标有效实现。

第二，不同学年（或学期）活动计划之间相辅相成。

在目标上，它们构成循序渐进的关系。例如，对于问题解决的目标，小学低段的目标要求应该是“发现并提出自己感兴趣的问题”。小学高段的目标要求应该是“能将（自己感兴趣的问题）转化为研究小课题”。

在内容上，它们构成递进的关系。例如，小学低段的内容应该相对简单，如“神奇的影子”，中高段的综合实践活动主题就应该相对复杂，如“我也能发明”。

【案例 4-4】

桐梓坝小学校综合实践活动课程规划

内江市桐梓坝小学校把小学综合实践活动总体实施方案的总体目标设定为：①价值体认——让学生亲历科学种植实践活动，获得有积极意义的价值体验。让学生通过集体活动初步形成集体思想、组织观念。②责任担当——围绕日常生活开展实践活动，让学生具备处理生活中基本事务的能力，初步养成热爱生活的态度，具有积极参与学校生活的意愿。③问题解决——让学生在教师的引导下，结合科学种植，发现并提出自己感兴趣的问题，能将问题转化为研究小课题，体验课题研究的过程与方法，能提出自己的想法，并形成对问题的初步解释。④创意物化——让学生通过动手操作实践，初步掌握种植的基本技能，学会设计并制作有一定创意的文字、表格、图画、思维导图等作品。

（一）系列综合实践活动

为实现总体目标，学校依托校园内的科学种植劳动实践基地，以学年为单位，设计了一系列综合实践活动。

1. 体验播种

活动目标：让学生亲身参与科学种植，初步感受集体活动，逐步形成集体思想和组织观念。

在教师的指导下，在部分家长的参与下，让学生进行科学种植播种，认识到不同的植物品种有不同的种植方式，需要不同的种植环境。活动结束后，在低段学生中开展了一次主题班会活动，让学生在班上谈感受，练习说话。在中、高段学生中开展了一次综合实践活动的小练笔。

2. 观察发芽、生长的过程

活动目标：通过活动引导学生多观察，培养学生的问题意识，提出想法，作出科学合理的阐释，并达成创意物化目标。

待种子发芽时，组织学生进行观察，培养学生的科学观察能力，引导学生从种子的形态、颜色各方面进行观察，并让学生记录植物发芽、生长的过程。记录方式灵活，低段学生可以采用画画的形式，中段学生可以是文字、表格描述，高段学生则可以采用科学画，还可以是思维导图。

3. 体验收获

活动目标：通过活动培养学生提出问题、解决问题的能力，并指导学生形成课题研究报告。

待收获之时，让学生体验收获的快乐，同时引导学生认真观察果实的颜色、形状以及果实之间的差异。低段学生可以采用画画的形式，中段学生可以写收获体验文章，高段学生可以写实践报告，还可以写分析报告等。

（二）综合实践活动课程二次开发

根据综合实践活动课程的开放性原则，为了开发新综合实践活动课程，并做好新开发课程与已有系列综合实践活动课程之间的配套衔接，指导教师应该注意课程资源积累。

实施每一个主题综合实践活动后，都要整理形成一个完整的案例，便于教师下次活动时参与开发新课程。案例内容可以包括活动背景、活动目标、主题确定、活动时间、活动年级、活动任务、活动准备、活动具体实施过程（实施阶段、课题总结、成果展示、活动延伸、活动评价）、活动反思、附件（典型课例、活动照片、活动评价表格）、文本（计划、问卷调查表、访谈记录）、学生成果、活动体会（学生、教师、家长的体会）等。

【案例点评】

桐梓坝小学校的综合实践活动课程总体实施方案与学年实施计划形成了很好的配套衔接。

本案例的综合实践活动课程主要通过系列活动进行组织实施。每个活动均有主题、内容和目标，各项子活动计划与总体实施方案的目标保持了一致性。系列活动的连续性也得到了体现，不同学年（或学期）活动计划之间是相辅相成的。

五、需要处理好的三对关系

《指导纲要》指出，在综合实践活动课程规划中需要处理好三对关系。

（一）综合实践活动课程的预设与生成

《指导纲要》要求：

学校要统筹安排各年级、各班级学生的综合实践活动课时、主题、指导教师、场地设施等，加强与校外活动场所的沟通协调，为每一个学生参与活动创造必要条件，提供发展机遇，但不得以单一、僵化、固定的模式去约束所有班级、社团的具体活动过程，剥夺学生自主选择的空间。要允许和鼓励师生从生活中选择有价值的活动主题、选择适当的活动方式创造性地开展活动。要关注学生活动的生成性目标与生成性主题并加以引导，为学生创造性的发展开辟广阔空间。

课程规划中的预设与生成一直是热点问题。课程规划是课程计划的重要组成部分，必然会对课程内容、课程目的、课程开展等有明确预设。但是，综合实践活动更强调学生以各自生活为原点，生成综合实践活动的主题、目标和内容。

《指导纲要》明确指出了两者的关系并提出了处理两者关系的基本要求。学校在课程规划时应该主要考虑为综合实践活动提供必要条件及各种保障，而不能对综合实践活动的模式、空间等作出单一、僵化和固定的限制性规定。同时，鼓励学生在统筹安排的活动主题之外从自己的生活中生成和选择活动主题。对于学生活动的生成性目标与生成性主题应予以尊重、关注和引导。

当前，小学根据学生生成性主题开发综合实践活动内容的师资能力还不足，导致有些地方直接统一开发综合实践教材，统一小学综合实践活动的主题和模式。这是与《指导纲要》的要求明显不符合的。

（二）综合实践活动课程与学科课程

综合实践活动课程是新的课程类型，而学科课程属于传统课程类型。教师对新课程类型的理解、接受和准确实施需要假以时日。在这个阶段，教师容易把两者混淆，按照学科课程的思路理解和实施综合实践活动。

《指导纲要》对此作出如下要求：

在设计与实施综合实践活动课程中，要引导学生主动运用各门学科知识分析解决实际问题，使学科知识在综合实践活动中得到延伸、综合、重组与提升。学生在综合实践活动中所发现的问题要在相关学科教学中分析解决，所获得的知识要在相关学科教学中拓展加深。防止用学科实践活动取代综合实践活动。

这个要求是明确的，综合实践活动课程与学科课程你中有我，我中有你，互为基础，相得益彰。综合实践活动是学科课程以实践为基础、以问题为导向的延伸、综合、重组和提升。换言之，综合实践活动课程是使学科知识更有教育价值的综合性和实践性学科。而学科知识是综合实践活动课程的基础，因为综合实践活动课程的所有问题的解决都必须运用学科知识。同时，学生在综合实践活动课程中所获得的知识也只有在学科知识框架下才能有效拓展和加深了解。

但是，《指导纲要》又再次提醒，学科实践不等于综合实践活动，两者不能混为一谈。这是必须把握的标准。

（三）综合实践活动课程与专题教育

综合实践活动课程属于主题性质的课程，而专题本身就有主题性质。因此，专题教育可以转化为学生感兴趣的综合实践活动，以综合实践活动的形式来开展。

但是，综合实践活动课程与专题教育毕竟是有区别的，不能简单等同。综合实践活动课程是专题教育的一种形式。换而言之，专题教育的目的可以通过综合实践活动课程来实现，但是并不是所有的专题教育都只能通过综合实践活动课程来实现其目的，综合实践活动课程并不能实现所有的专题教育目的。

同时，综合实践活动课程作为立德树人必不可少的一门课程，在重要的时间节点、重要的主题教育中，应该积极利用自身课程优势，发挥应有的育人作用。

所以，《指导纲要》作了如下说明：

可将有关专题教育如优秀传统文化教育、革命传统教育、国家安全教育、心理健康教育、环境教育、法治教育、知识产权教育等，转化为学生感兴趣的综合实践活动课程，让学生通过亲历感悟、实践体验、行动反思等方式实现专题教育的目标，防止将专题教育简单等同于综合实践活动课程。要在国家宪法日、国家安全教育日、全民国防教育日等重要时间节点，组织学生开展相关主题教育。

综合实践活动课程的本质和课程要求是处理好以上三对关系的出发点，而精准实施综合实践活动课程是处理好以上三对关系的目标。

第二节　小学综合实践活动课程实施的支持要素

综合实践活动课程的实施必然需要保障。在所有的保障要素里，较为关键的要素有课程政策、机构制度、师资队伍、组织方式、教师指导、活动评价等。

一、课程政策

（一）国家课程政策

国家的课程政策对小学综合实践活动课程实施给予了明确的支持。其中，《义务教育课程方案和课程标准（2022年版）》和《中小学综合实践活动课程指导纲要》是主要的课程政策。

1.《义务教育课程方案和课程标准（2022年版）》

教育部制定、北京师范大学出版社出版的《义务教育课程方案和课程标准（2022年版）》对小学综合实践活动课程予以了明确：

（1）“基本原则”部分规定，义务教育课程要“变革育人方式，突出实践”“优化综合实践活动实施方式与路径，推进工程与技术实践”。

（2）“课程设置”部分规定，综合实践活动课程是国家课程，由国务院教育行政部门统一组织开发、设置。所有学生必须按规定修习。综合实践活动课程侧重跨学科研究性学习、社会实践。规定综合实践活动课程开设的年级从一年级到九年级，与劳动、地方课程、校本课程一共占义务教育九年总课时的14%～18%，每周不少于1课时。

（3）“课程实施”部分规定“在小学一年级第一学期安排必要的入学适应教育，适当利用地方课程、校本课程和综合实践活动课程课时组织开展入学适应活动，对学生学习、生活和交往进行指导。鼓励将小学一至二年级道德与法治、劳动、综合实践活动，以及班队活动、地方课程和校本课程等相关内容整合实施。统筹各门课程跨学科主题学习与综合实践活动安排”。

2.《中小学综合实践活动课程指导纲要》

教育部2017年印发的《指导纲要》对综合实践活动课程的课程性质和基本理念、课程目标、课程内容与活动方式、学校对综合实践活动课程的规划与实施、课程管理与保障等方面都作了详细的要求，其附件里还有适用于各种活动方式的活动主题。

在印发《指导纲要》的通知中，教育部明确要求“各地要充分认识综合实践活动课程的重要意义，确保综合实践活动课程全面开设到位。要组织教师认真学习纲要，切实加强对综合实践活动课程的精心组织、整体设计和综合实施，不断提升课程实施水平”。

这两个课程政策明确了义务教育阶段综合实践活动课程的合法地位，对其实施也给出了明确的意见。

（二）课时安排

小学综合实践活动课程课时安排是小学综合实践活动课程实施的重要保障。目前，涉及小学综合实践活动课程课时安排的课程政策主要有《义务教育课程方案（2022年版）》和《中小学综合实践活动课程指导纲要》。

2022年3月，教育部颁布了《义务教育课程方案（2022年版）》（以下简称《方案》）。这是根据新的时代要求、新的社会变化，对2001年的《义务教育课程设置实验方案》进行全面修订的成果。

《方案》首先明确综合实践活动课程的类别是国家课程，由国务院教育行政部门统一组织开发、设置。同时，要求一至九年级所有学生必须按规定修习。

《方案》对综合实践活动课程的课时安排提出了如下要求：

每学年共39周，一至八年级新授课时间35周，复习考试时间2周，学校机动时间2周……一至二年级每周26课时，三至六年级每周30课时，七至九年级每周34课时，九年新授课总课时数为9522。小学每课时按40分钟计算……

劳动、综合实践活动每周均不少于1课时……劳动、综合实践活动、班团队活动、地方课程与校本课程课时可统筹使用，可分散安排，也可集中安排。

按照《方案》的要求，从课程设置的角度，按每学年新授课时间35周算，小学综合实践活动课程每个学年至少有35课时，小学阶段至少有210课时。占小学阶段新授课总课时（6 020课时）的3.49%。

在课时安排方式方面，有别于语文、数学等学科课时的分散安排要求，小学综合实践活动课程安排比较灵活，可以分散安排，也可以集中安排。

《指导纲要》由教育部于2017年颁布，明确规定小学综合实践活动课程的课时安排如下：

小学1~2年级，平均每周不少于1课时；小学3~6年级和初中，平均每周不少于2课时；高中执行课程方案相关要求，完成规定学分。各学校要切实保证综合实践活动课程时间，在开足规定课时总数的前提下，根据具体活动需要，把课时的集中使用与分散使用有机结合起来。要根据学生活动主题的特点和需要，灵活安排、有效使用综合实践活动时间。学校要给予学生广阔的探究时空环境，保证学生活动的连续性和长期性。要处理好课内与课外的关系，合理安排时间并拓展学生的活动空间与学习场域。

根据《指导纲要》要求，小学综合实践活动课程课时按每学年新授课时间35周算，1~2年级每学年至少有35课时，3~6年级每学年至少有70课时。小学阶段综合实践活动课程的总课时是350课时，占小学阶段新授课总课时（6 020课时）

的5.81%。

《指导纲要》也要求小学综合实践活动课程灵活安排课时。在开足规定课时总数的前提下，根据活动主题的特点和需要、活动连续性和长期的需要、活动空间和学习场域的需要，把课时的集中使用和分散使用有机结合起来。

可以说，这两份课程政策文件给予了小学综合实践活动课程实施足够的课时保障。其既明确了小学综合实践活动课程的课时数量基本要求，禁止了在操作层面对小学综合实践活动课程课时的随意扣减，又照顾了小学综合实践活动课程的特殊性，明确了小学综合实践活动课程课时安排的灵活性，给予了小学足够的课时安排的自由裁量权。

但是，由于我国目前实行的是班级授课制，不管课时安排如何灵活处理，都无法解决差异化和跨越化“最后一公里”的问题。

《指导纲要》明确“综合实践活动以小组合作方式为主，也可以个人单独进行。小组合作范围可以从班级内部，逐步走向跨班级、跨年级、跨学校和跨区域等”。这实际上是要求综合实践活动课程既要尊重学生的差异化，又要尊重活动小组成员的跨越化。班级里的学生存在活动主题兴趣差异、不同主题活动进程差异，跨班级、跨年级、跨学校、跨区域的学生可以组建活动小组开展活动。因此，差异化和跨越化是综合实践活动课程不可回避的问题。

差异化和跨越化要求综合实践活动课程的课时安排更加灵活。但是，在需要差异化开展综合实践活动和跨越化开展综合实践活动时，在班级授课制的背景下课时安排是难以落实的。

通过学习量（也可以是学生工作量）认定的方式确认学生修习课时和质量是未来可探索的方向之一。

二、机构制度

小学综合实践活动课程的实施需要实施机构支持和执行，以确保课程实施质量。《指导纲要》对实施机构作了如下安排：

学校要成立综合实践活动课程领导小组，结合实际情况设置专门的综合实践活动课程中心或教研组，或由教科室、教务处、学生处等职能部门，承担起学校课程实施规划、组织、协调与管理等方面的责任，负责制订并落实学校综合实践活动课程实施方案，整合校内外教育资源，统筹协调校内外相关部门的关系，联合各方面的力量，特别是加强与校外活动场所的沟通协调，保证综合实践活动课程的有效实施。要充分发挥少先队、共青团以及学生社团组织的作用。

保障小学综合实践活动实施的机构有三个层级。

（一）学校综合实践活动课程领导小组

校级综合实践活动课程领导就是课程管理人员基于综合实践活动课程的专业知识，通过学校管理机制和管理行为，整合校内外资源和人员，对课程规划、课程发展、课程开发、课程设计、课程实施、课程评价、师资队伍建设等工作进行校级层面的统筹安排，以改进综合实践活动课程质量，有效促进学生综合素质提升，最终达成课程目标的历程。因此，校级综合实践活动课程领导小组对综合实践活动课程负总责。

关于学校综合实践活动课程领导小组的成员构成，《指导纲要》没有做要求和限制。因此，各所学校可以因地制宜，以课程领导小组使命有效实现为目标，组建各具特色的课程领导小组。

校、家、社区三方共同组成的综合实践活动课程领导小组最有利于综合实践活动的课程实施。首先，综合实践活动课程的实施需要家长支持。综合实践活动课程实施的时空跨越较大，校外或课外的活动只有得到家长的理解、认同、配合和支持才能顺利实施。其次，家长是综合实践活动课程的重要校外资源。家长是学校教育的重要资源，综合实践活动课程的实施如果得到家长的支持资源，将事半功倍。因此，家长是综合实践活动课程需要重点整合的校外教育资源之一。最后，综合实践活动课程的实施需要依托社区。社区无疑既是重要的教育资源，又是重要的教育场所。没有社区资源和平台的支持，综合实践活动的实施将受到极大限制。

（二）综合实践活动课程执行机构

《指导纲要》倡导学校新建综合实践活动课程中心或教研组，负责综合实践活动课程的管理工作。但是，也允许学校根据实际情况，把课程管理工作分散到已有的教科室、教务处、学生处等职能部门。

从严格意义来说，把综合实践活动课程管理工作分散到已有的职能部门是不可取的，因为这样会导致主责部门的不明确。这必然会弱化综合实践活动课程的管理，不利于综合实践活动课程实施。因此，成立综合实践活动课程中心或教研组才能为综合实践活动课程实施提供有力的保障。

（三）参与综合实践活动课程实施的其他主体

综合实践活动课程实施需要整合校内外的教育资源。在小学，少先队、学生社团组织是校内最重要的资源，少先队和学生社团组织的活动是综合实践活动课程的主要载体，因此，少先队和学生社团也是管理和参与综合实践活动课程实施的主要主体之一。

综合实践活动课程领导小组应该把少先队和学生社团组织作为小学综合实践活动的主要力量纳入领导范畴，统筹和融合安排综合实践活动、少先队活动、学生社团活动，引导少先队和学生社团组织参与综合实践活动课程的开发、设计和实施。同时，综合实践活动课程管理职能部门应该充分发挥少先队和学生社团组织的积极性和作用，引导它们参与综合实践活动课程的管理。而少先队和学生社团组织也应该积极参与综合实践活动的各项工作，为综合实践活动课程做好相关服务。

三、师资队伍

师资队伍是小学综合实践活动课程实施的关键要素，因为师资队伍决定了课程实施的质量。

根据《指导纲要》的要求，“要建立专兼职相结合、相对稳定的指导教师队伍。学校教职工要全员参与，分工合作。原则上每所学校至少配备 1 名专任教师，主要负责指导学生开展综合实践活动课程，组织其他学科教师开展校本教研活动。各学科教师要发挥专业优势，主动承担指导任务。积极争取家长、校外活动场所指导教师、社区人才资源等有关社会力量成为综合实践活动课程的兼职指导教师，协同指导学生综合实践活动的开展”。

【案例 4-5】

某小学综合实践活动课程师资队伍配备

《指导纲要》颁布后，某小学迅速采取多管齐下的策略，短期内很好地解决了师资配备问题。

第一“管”，每个学段配备一名专任教师。全校共有三名专任教师，组成综合实践活动课程教研组，在学校综合实践活动课程领导小组指导下开展综合实践活动指导工作。

第二“管”，要求其他教职工积极承担指导工作。学校领导亲自安排部署，对其他教职工积极承担小学综合实践活动课程指导工作提出明确要求，并出台相关的管理制度，明确其他教职工承担小学综合实践活动课程指导工作的工作量计算方式，认可他们的工作量。这有效地激发了其他教职工承担小学综合实践活动课程指导工作的积极性。有个别教师在承担了指导工作后，对小学综合实践活动产生了极大的兴趣，主动申请成为小学综合实践活动课程的专任教师。

第三“管”，接收高校师范生开展课程实践。借助与本地师范高校合作的平台，市某小学接收该高校学习“小学综合实践活动设计与组织”课程的大学生到本校开展课程实践，指导小学生开展综合实践活动课程。四年来，一百多名师范生参加了该小学的综合实践活动课程指导工作，指导小学生开展了六十多个不同主题的综合实践活动课程，成为强有力的支援力量，有效地充实了小学综合实践活动课程指导教师队伍。

第四“管”，聘请校外专家为兼职教师。在本地高校师范专家的帮助下，该小学、高校和研学基地三方联合打造了融合小学综合实践活动、大学“小学综合实践活动设计与组织”课程社会实践活动、高校研学基地发展为一体的合作平台，并聘请高校专家、研学基地工作人员担任小学综合实践活动课程的校外专家。目前，该小学与10余家单位开展了合作，有校外兼职教师20余位。

该小学“指导教师队伍以本校教师为主，以校外兼职教师为辅；校外兼职教师以高校师生为主，以研学基地专家为辅”的师资队伍架构得以建立并逐趋完善，为小学综合实践活动课程实施奠定了坚实的师资基础。

有了坚实的师资基础作保证，小学综合实践活动也取得了很好的成果。在某省第十七届校园影视教育成果展示交流活动中，该小学综合实践活动的成果也获得了众多荣誉。《在希望的田野上》荣获校园专题类一等奖，《法老之蛇》荣获校园综合类二等奖，《神奇的仙人掌》荣获校园短视频三等奖，《龙觉寺》荣获校园微电影三等奖。

【案例点评】

某小学根据《指导纲要》的要求，结合学校的具体情况和优势，充分利用了已有的与高校、研学基地的合作关系和平台，积极搭建了“指导教师队伍以本校教师为主，以校外兼职教师为辅；校外兼职教师以高校师生为主，以研学基地专家为辅”的师资队伍架构，使小学综合实践活动的教师队伍迅速得到充实，并逐步完善。这个案例的经验值得大家学习。

四、组织方式

《指导纲要》对综合实践活动课程的组织方式提出了如下要求：

综合实践活动课程以小组合作方式为主，也可以个人单独进行。小组合作范围可以从班级内部，逐步走向跨班级、跨年级、跨学校和跨区域等。要根据实际情况灵活运用各种组织方式。要引导学生根据兴趣、能力、特长、活动需要，明确分工，做到人尽其责，合理高效。既要让学生有独立思考的时间和空间，又要充分发挥合作学习的优势，重视培养学生的自主参与意识与合作沟通能力。鼓励学生利用信息技术手段突破时空界限，进行广泛的交流与密切合作。

组织综合实践活动课程的基本要求是以小组合作为主，允许个人单独进行。合作是人类发展的需要，也是人类群居的重要原因。在信息化和全球化时代，合作的重要性被提到了新的高度，新时代对其社会成员的合作意识、合作精神和合作能力提出了新的要求。

根据《指导纲要》，小组合作需要注意以下问题：

（一）小组合作主体范围应不限定

小组合作主体的范围可大可小，小至班级内部，大至跨班级、跨年级、跨学校，甚至跨区域。但是，小组合作主体的核心要义不是“跨”与“不跨”，而是合作主体对某个问题或主题有着共同的兴趣，愿意通过合作来解决这个问题，完成这个活动主题的任务。这样，能确保每一位活动参与者参与活动过程的主动性和积极性。当前，为了教学管理方便，整个班级一起完成一个主题的综合实践活动的现象比较普遍。但是，这种现象必然会导致部分学生被动参与综合实践活动课程、学生思维类似而难以突破等情况出现。

我们来看下面这个案例。

【案例 4-6】

“春耕”小学综合实践活动

一天，四年级的小辰同学在电视新闻中看到了关于春耕的报道。他很好奇：春耕是什么时候开始的？都种些什么农作物？为什么春天适合耕种？于是，他带着问题去咨询老师。老师引导他确立了以“春耕”为主题的综合实践活动课程，并指导他建立综合实践活动课程小组。但是，小辰发现，同班的同学中没有对这个主题感兴趣的。于是，他扩大了范围，向全校征集对“春耕”主题感兴趣的同学。很快，五年级的小希和小婷两位同学参加了进来。但是，小希提出了另一个想法：看到农民伯伯在春耕，他也想亲自实践一下。刚好，小婷的表弟小唐在一所村小读书，小唐家里有农田。最终小辰在老师指导下，建立了由小辰、小希、小婷、小唐四位同学组成的跨年级、跨学校的综合实践活动课程小组。

（二）小组合作分工应明确合理

这是小组合作的基本要求。合理的分工至少应该满足几个条件。首先，小组成员各得所需。只有小组成员的各种需要在活动中得到满足，他们才能保持高度的积极性和主动性。其次，小组成员尽职尽责。综合实践活动课程是通过合作求知的过程，每位小组成员都应该明确自己所承担的任务，尽各自所能、尽各自之责，推进综合实践活动课程，实现综合实践活动课程的目标。最后，小组成员分工合理。合作的目的是提高综合实践活动课程的效率。合理分工是提高综合实践活动课程效率的重要前提条件之一。

（三）小组合作应兼顾独立思考与合作沟通

独立思考是个体自主性的基本要求，没有独立思考就没有自主性；它也是个体发展的基本要求，“学而不思则罔，思而不学则殆”。因此，小组合作必须保证学生有独立思考的时间和空间。但是，人类作为群居动物，面对大自然和社会，必须通过合作形成强大的合力，以提高实践效率。因此，小组合作必须充分发挥合作学习的优势，通过合作培养学生的自主参与意识与合作沟通能力。

（四）小组合作鼓励运用信息技术

在信息社会里，每一位成员都需要具备信息技术素养。小组合作既可以让学生学习到各种实用的信息技术，培养学生运用信息技术的能力以及对信息技术的正确认识，还可以提高综合实践活动效率及小组成员之间沟通的效率。

五、教师指导

任何教育活动都有教师和学生两方面的参与互动。在综合实践活动课程中，学生的活动被称为自主实践，教师的活动被称为指导。《指导纲要》明确要求：

在综合实践活动课程实施过程中，要处理好学生自主实践与教师有效指导的关系。教师既不能“教”综合实践活动，也不能推卸指导的责任，而应当成为学生活动的组织者、参与者和促进者。教师的指导应贯穿于综合实践活动课程实施的全过程。

教师的“指导”有别于“教”。“教”主要是指知识和技能的展示和传授，“教”的内容是教师预设好了的、较为系统的知识。在综合实践活动课程中，教师不是知识和技能的展示者和传授者，而是活动的组织者、参与者和促进者。

（一）教师指导的基本原则

小学综合实践活动课程实施的过程是小学生在教师指导下开展的学习过程，因此，全过程都离不开教师的指导。尽管在综合实践活动课程准备阶段、实施阶段、总结阶段，教师的具体指导任务、指导方式方法各有不同，侧重点也有着明显的差别，但是，教师作为“学生活动的组织者、参与者和促进者”，需要注意把握以下指导原则。

1. 教师指导的有效性原则

教师指导是教师在综合实践活动课程中发挥教育作用的一种形式。教育是教育者有目的、有组织、有计划地对受教育者发展发挥影响的活动，有效性是其内在要求。

教师对学生综合实践活动课程的指导同样也讲究有效性。教师指导的有效性原则要求教师的指导活动至少要达到以下两个效果。首先，学生在教师的指导下得到发展。综合实践活动课程实施的过程是学生发展的过程。学生发展包括获得新的价值体认，形成和强化责任担当，提高解决问题和创意物化的能力等。在这个过程中，教师的指导必将提高学生学习的效率，促进学生发展。其次，学生在教师的指导下顺利推进综合实践活动课程实施。在活动实施推进过程中，教师指导的重要作用体现在三个方面：高效组织活动，为活动开展提供必要的条件，确保活动有序、安全开展；保证活动方向不偏离活动主题；为学生解疑答难，促进学生发展，帮助学生克服困难、推动活动进程。

2. 教师指导的迁移性原则

教师指导的迁移性是指教师指导以具体指导行为为载体，在有效采取指导行动、实现具体指导效果的同时，引导学生举一反三，把教师指导的收获迁移到综合实践活动课程的其他环节，从而使教师指导的作用和意义在综合实践活动课程实施的全过程都得到体现。

3. 教师指导的外因性原则

综合实践活动课程的主体是学生，发展的主体也是学生。因此，在综合实践活动课程中，尽管教师是参与者，但是相对于学生这个主体而言，教师的指导是外因。外因要通过内因才能发挥作用，而内因与外因可以相互转化。这要求教师谨守组织者、参与者、促进者的角色，不能越俎代庖，代替学生完成活动任务；要注意发现学生发展的内部矛盾，充分调动学生的主观能动性，把教师指导通过学生的主观能动性转化为内因，引导学生发展。

4. 教师指导的全程性原则

综合实践活动课程是教育活动，是在教师指导下的学生发展过程。它不是放任学生自由散漫的过程。将教师指导贯穿综合实践活动全过程，既是教师的工作职责，又是学生高效发展的保证。因此，综合实践活动课程的全过程都不能脱离教师指导。

（二）活动准备阶段的教师指导

关于教师在活动准备阶段对学生的指导，《指导纲要》提出了明确的要求：

在活动准备阶段，教师要充分结合学生经验，为学生提供活动主题选择以及提出问题的机会，引导学生构思选题，鼓励学生提出感兴趣的问题，并及时捕捉活动中学生动态生成的问题，组织学生就问题展开讨论，确立活动目标内容。要让学生积极参与活动方案的制订过程，通过合理的时间安排、责任分工、实施方法和路径选择，对活动可利用的资源及活动的可行性进行评估等，增强活动的计划性，提高学生的活动规划能力。同时，引导学生对活动方案进行组内及组间讨论，吸纳合理化建议，不断优化完善方案。

学生在活动准备阶段的主要任务有两个：定主题，制方案。教师的任务是指导学生完成他们的任务。教师的指导关键在于结合、提供、引导、鼓励、捕捉、组织、增强、提高。

在确定主题环节中，教师的指导工作包括：

第一，充分结合学生经验，向学生提供可选择的活动主题以及提出问题的机会。

结合学生经验是综合实践活动课程的重要规定。这里所指的学生经验主要是指学生群体的共同经验，因为学生个体的经验各有不同，在集体教育中难以周全照顾到每位学生的个体经验。脱离了学生群体的共同经验，必然会导致综合实践活动课程脱离部分学生的经验。但是，教师可以引导有共同经验的同学组建综合实践活动课程小组。

要向学生提供可选择的活动主题。根据综合实践活动课程的定义，学生应该“从生活情境中发现问题，转化为活动主题”。因此，学生发现的问题是综合实践活动课程的核心。有了“问题”，才可能有“主题”。换而言之，“主题”是“问题”导向的，是“问题”的另一种表述。

《指导纲要》的附录推荐了若干可供选择的活动主题。但是，附录说明明确指出，“推荐的活动主题只是样例，其主要依据是：立足学生综合素质培养的需要，体现综合实践活动的特征；贴近学生的生活实际和年龄特征，反映时代发展和科技进步的内容，同时兼顾城乡差异，落实班团队活动和相关专题教育的要求”。可见，这些主题不是给定的或者必修的主题。教师在向学生提供活动主题时，应该以学生发现的问题为导向，根据学生的经验另定主题，切不可受此局限。

教师要为学生提供提出问题的机会。综合实践活动课程强调“以问题为导向”，因此，综合实践活动课程自始至终都要尊重学生提出问题的权利。学生提出问题越活跃，说明学生参与的积极性越高。学生提出问题的质量不够高，说明学生对问题的思考不够深入、对综合实践活动课程主题的把握不够精准，教师可以通过循循善诱引导学生深入思考问题，帮助学生准确把握活动主题。学生提出问题的质量较高，说明学生已经具备了一定的实施该主题综合实践活动课程的思维条件、知识储备。

第二，组织学生充分参与活动目标的确立。学生参与活动目标确立的主要方式是参加活动目标确立的讨论。综合实践活动课程小组内部形成关于活动目标的共识。学生充分参与活动目标的确立，一方面能保持学生对该主题的综合实践活动课程的高度兴趣和认同，另一方面能保证学生形成该主题综合实践活动课程目标的深刻且统一的认识，最终有助于综合实践活动课程的顺利推进。

在这个过程中，教师应该发扬民主精神，尊重每位学生的讨论发言的权利，引导学生把自己的疑惑和观点充分表达出来；应该发挥自身知识量丰富和专业水平较高的优势，引导学生形成合理的、科学的共识。

在制订方案环节中的教师指导工作包括：

第一，组织学生全程参与活动方案制订。学生参与活动方案制订全过程，将有利于学生全面把握活动方案制订的原则、实施路径和方法，高度认同方案的时间安排、责任分工。同时，也有利于提高学生的活动规划能力。因此，教师要给予并尊重学生提问、构思、讨论的空间和权利。

第二，引导学生优化活动方案。不同的学生在参与活动方案制订的过程中会提出不同的意见建议。为了顺利推进综合实践活动课程，活动方案既要尊重不同学生的选择和要求，还要尽可能采纳合理的意见建议，使活动方案更具有可行性和可操作性。教师应该引导学生据此优化活动方案提高综合实践活动课程的实效。

（三）活动实施阶段的教师指导

教师指导是综合实践活动课程推进的重要保障。《指导纲要》提出：

在活动实施阶段，教师要创设真实的情境，为学生提供亲身经历与现场体验的机会，让学生经历多样化的活动方式，促进学生积极参与活动过程，在现场考察、设计制作、实验探究、社会服务等活动中发现和解决问题，体验和感受学习与生活之间的联系。要加强对学生活动方式与方法的指导，帮助学生找到适合自己的学习方式和实践方式。教师指导重在激励、启迪、点拨、引导，不能对学生的活动过程包办代替；还要指导学生做好活动过程的记录和活动资料的整理。

在活动实施阶段，学生的任务是发现和解决问题，体验和感受学习与生活之间的联系，找到适合自己的学习方式和实践方式，做好活动过程的记录和活动资料的整理。教师的指导关键在于创设、提供、促进、帮助、指导。

在这个阶段，教师的指导任务包括如下内容：

1. 创设真实的情境

根据综合实践活动课程的需要创设真实的情境、为综合实践活动课程提供条件保障是教师的基本责任。而教师所创设的真实情境又是教师引导学生的重要手段。教师通过创设真实的情境，引导学生在特定的情境中获得特定的亲身经历、现场体验以及其他相关的特定信息，最终形成某种特定的认知。

教师应该高度重视真实情境的引导作用，精心创设真实情境。

下面我们来看这样一个案例。

【案例 4–7】

“空中乘务员职业体验”综合实践活动

教师带领“空中乘务员职业体验”综合实践活动课程小组的成员到空中乘务员职业模拟基地体验空中乘务员职业。活动小组分为两个小队。第一个小队的同学直接模拟空中乘务员，在模拟飞行中为“旅客”提供服务。第二个小队的同学则先学习空中乘务员的基本礼仪等，待职业训练达到基本标准以后，再模拟空中乘务员为“旅客”提供服务。

通过这个活动，两个小队的同学对空中乘务员职业形成了两种不同的认识。

教师为两个小队创设的职业情境不同，他们所获得的职业信息也不同。第一个小队的同学主要体验了空中乘务员职业的履职过程，而第二个小队则体验了空中乘务员从基本技能训练到履职的成长过程。这个差异导致他们对空中乘务员职业的认识和理解大相径庭。因此教师创设真实情境的过程就是对参与综合实践活动课程的学生的一种指导。

2. 促进学生积极参与活动过程

在综合实践活动课程实施过程中，学生保持积极参与活动的状态非常重要。问题导向是促进学生积极参与活动过程的重要手段，因为学生在活动中越能发现问题和解决问题，他们参与活动的积极性就越高。所以，教师应该引导学生围绕活动主题不断发现新问题、解决新问题。

3. 加强对学生活动方式与方法的指导

在不同的综合实践活动课程中，学生应该根据不同的任务需要，尝试各种不同的方式方法，并寻找适合自己的方式方法，以提高综合实践活动实效。部分学生受到各种因素的影响，需要教师的指导来加快这个过程。教师的指导在此过程中起到“授人以渔”的重要作用，因此教师应该重视对学生的活动方式方法的指导。

4. 指导学生做好活动过程的记录和活动资料的整理

教师应该从综合实践活动评价和学生发展的角度出发，指导学生对活动过程进行真实、规范的记录，收集并整理好活动过程的重要资料，为活动评价和学生发展形成真实、客观和有力的支持。

（四）活动总结阶段的教师指导

活动总结阶段是综合实践活动课程的重要组成部分，也是综合实践活动课程发挥教育作用必不可少的环节。《指导纲要》对教师在活动总结阶段的指导提出了如下要求：

在活动总结阶段，教师要指导学生选择合适的结果呈现方式，鼓励多种形式的结果呈现与交流，如绘画、摄影、戏剧与表演等，对活动过程和活动结果进行系统梳理和总结，促进学生自我反思与表达、同伴交流与对话。要指导学生学会通过撰写活动报告、反思日志、心得笔记等方式，反思成败得失，提升个体经验，促进知识建构，并根据同伴及教师提出的反馈意见和建议查漏补缺，明确进一步的探究方向，深化主题探究和体验。

在活动总结阶段，学生的基本任务是呈现和交流活动结果，梳理、总结活动过程，提升个体经验，建构知识，深化主题探究和体验。教师的指导包括以下三个内容。

1. 指导学生呈现活动结果

由于综合实践活动课程成果丰富多样，其呈现的方式也必然是多元化的。教师应该指导学生根据活动成果特点和个人能力特长，选择适当的呈现形式，使活动结果得到充分呈现。

我们来看以下案例。

【案例 4-8】

“中国孝文化”综合实践活动（一）

市外国语小学的“中国孝文化”综合实践课程小组活动进入了总结阶段。同学们收集了丰富的传统孝文化的故事。同学们在苦苦思索如何把这些故事呈现出来。指导老师问同学们：“你们喜欢听故事吗?”有些同学说喜欢，有些同学说听故事太枯燥，不如看故事视频。指导老师提醒他们：你们之中有没有讲故事的高手啊？你们之中有没有表演能力很强的人呢？这时，大家想起小组里有两位同学前些天在班队会上表演过相声。于是，大家经过商量，决定由这两位同学以舞台剧的形式把“黄香温席”的故事呈现出来。

在汇报交流会上，“黄香温席”的舞台剧得到了一致好评。

在这个案例里，教师引导学生选择他们自己最喜欢的故事呈现方式时，指导学生根据自身能力特长，选择了舞台剧作为活动结果“黄香温席”孝文化故事的呈现方式。这实现了“一举三得”。既使故事呈现形式符合学生认知特点，又使故事呈现得活灵活现，充分表达了故事内涵，还使学生的能力特长在故事呈现过程中得到了充分展示，取得了良好的效果。

2. 促进学生自我反思与表达、同伴交流与对话

学生自我反思与表达、同伴交流与对话是综合实践活动课程取得良好效果的重要

环节。教师可以通过提出话题、深入追问等方法引导学生深刻反思和交流。

我们继续来看“中国孝文化”综合实践活动案例。

【案例 4-9】

“中国孝文化”综合实践活动（二）

市外国语小学的“中国孝文化”综合实践活动课程小组活动进入了总结阶段。在谈收获时，东东同学说：“我在市图书馆网页上搜索关于我国孝文化的书籍时，我输入‘孝文化’关键词搜索时，搜到了20本书。我把这些书找到了之后，浏览了一下，觉得这些资料还不够丰富，我想找到更多的书。但是，我不知道该怎么去搜索了。后来，小紫同学又去搜索，结果搜到了好多有用的资料。”指导老师马上问小紫：“小紫同学，你是怎么搜索的呢？能给大家讲一下吗？”小紫说：“我觉得东东同学搜的资料不够丰富，是因为他的搜索关键词太长，所以搜索匹配的书名就少。我把搜索关键词缩短成‘孝’一个字。搜索的结果就非常多了。”东东说：“就是，我觉得小紫同学很能干，她把这个办法告诉了我。我懂得了搜索关键词选择的重要性。如果以后还需要搜索什么资料，我一定记得好好选择搜索关键词。”指导老师说：“东东，我建议你把你的收获记录下来，成为你这次综合实践活动的心得笔记。”东东马上答应了。

在这个案例里，教师与东东、小紫两位同学对话，通过小紫同学的经验介绍，引导东东同学通过反思强化选择适当搜索关键词的意识和能力，最后形成了心得笔记。

3. 引导学生明确进一步探究的方向

任何一个综合实践活动课程的结果都可以引出另外多个综合实践活动课程的主题。因此，指导老师应该根据学生的活动结果引导学生审视综合实践活动，查漏补缺，进而引出可以进一步探究的方向或主题。

我们来看这样一个案例。

【案例 4-10】

“交通警察职业体验”综合实践活动

某小学“交通警察职业体验”综合实践活动课程即将结束。在总结阶段，同学们纷纷交流了自己的所见所闻所想。大家都认为交通警察这一职业的社会意义很大，部分同学也都表达了对交通警察职业的向往。

小斌同学提出了一个问题：“除了交通警察之外，还包括了哪些警察？”指导老师马上回应小斌：“警察是一种维护治安的职业，它包括了我们熟知的众多种类，比如交通警察、刑事警察、监狱警察等。如果我们感兴趣，可以通过综合实践活动课程进一步了解哦。”

在这个案例里，教师抓住小斌提出的问题，通过师生互动，为学生进一步探索指出了明确的新方向。

六、活动评价

综合实践活动评价是综合实践活动课程的指挥棒。因此，任何一门课程都需要开展规范且符合课程目标和理念的评价。综合实践活动评价至少包括学生自我评价、同伴互评、教师评价学生三种类型。《指导纲要》指出：

综合实践活动情况是学生综合素质评价的重要内容。各学校和教师要以促进学生综合素质持续发展为目的设计与实施综合实践活动评价。要坚持评价的方向性、指导性、客观性、公正性等原则。

综合实践活动评价必须紧扣综合实践活动“促进学生综合素质持续发展”的课程目标展开。而且，要符合教育评价的方向性、指导性、客观性、公正性等原则。

在评价实施的具体操作层面，《指导纲要》提出了四点要求。

（一）突出学生综合素质可持续发展的导向

综合实践活动评价要以学生发展为目的，持续促进学生发展。因此，教师要利用学生的发展规律，对学生因材施教，从而促进学生综合素质的可持续发展。

在具体操作上，教师应该做到：首先，对学生的成长过程进行观察、记录、分析，寻找和把握学生的成长规律，了解学生的个性与特长。学生的成长规律就隐藏在学生的成长过程中，学生的个性与特长塑造了学生的成长过程。因此，观察、记录、分析学生的成长过程是教师的重要工作内容。其次，要让学生及时获得关于学习过程的反馈，改进后续活动。教师及时反馈、学生及时纠正，既是提高后续活动效率的需要，又是提高后续活动训练价值的需要。最后，过程与结果并重。综合实践活动课程的评价不仅是对活动结果的评价，还是对综合实践活动课程过程的评价。对综合实践活动课程过程的评价的重点在于学生在此过程中的思想、创意、体验等方面的收获。

（二）做好活动情况写实记录

由于综合实践活动课程注重活动开展和学生成长的过程，因此，教师应该指导学生真实、客观地把自己参与活动的具体情况记录下来，为评价提供必要基础、收集真实的信息。学生参与活动的具体情况至少包括活动主题、持续时间、所承担的角色、任务分工及完成情况等。这些情况可以通过多种形式加以记录，例如活动记录单、活动现场照片、作品、研究报告、实践单位证明等。

（三）建立综合实践活动课程档案袋

综合实践活动课程档案袋是整理、编排、汇总、归档学生在参与综合实践活动过程中具有代表性的重要活动记录、典型事实材料以及其他有关资料的工具。这些活动记录、材料、资料被汇总成档案袋，既是综合实践活动评价的重要依据，又是综合素质档案的重要组成部分，成为以后招生录取中综合评价的重要参考。

（四）开展科学的综合实践活动评价

对综合实践活动课程的科学评价至少体现在四个方面。首先，时间上与其他课程评价保持基本协调一致。每学期末进行一次较全面的评价，方便教学管理。其次，评价要有理有据。教师要依据课程目标和档案袋里的材料，结合平时对学生活动情况的观察，对学生综合素质发展水平进行科学分析。教师的评价切不可臆测，否则不仅不会让学生信服，还不能真正促进学生发展。再次，要注重质性评价。由于综合实践活动课程的复杂性和档案袋资料的不可穷尽性，综合实践活动评价很难只通过分数来实现准确、客观的评价，因此，注重质性评价成为必然。教师应该对综合实践活动课程情况形成恰当的评语。最后，要注重引导作用。任何课程评价作为教育评价，都应该对学生的发展起引导作用。因此，科学的综合实践活动评价需要引导学生扬长避短，让学生明确以后努力的方向。

第五章

小学综合实践活动方案的设计与实施

➢ 学习目标

1. 了解小学综合实践活动设计的基本要求。
2. 掌握小学综合实践活动实施的一般要求。

教育是一种有目的、有计划、有组织的培养人的活动，不能随意而为之。因此，小学综合实践活动在开展前需要进行活动方案设计。

第一节　小学综合实践活动方案设计的基本要求

小学综合实践活动方案与一般的活动方案不同。小学综合实践活动方案不仅仅是活动方案，还是教育方案。这要求方案有明确的、具有教育意义的活动目的。小学综合实践活动方案不仅仅是活动策划方案，还是以小学生为主体的执行方案。这要求方案要相对详尽，分工合理明确。为此，我们建议小学综合实践活动方案至少应该包括活动方案题目（含活动主题）、活动背景、活动主体、活动目标、活动分工、活动过程、活动评价、活动安全、活动预算等内容。当然，这不能被认定为小学综合实践活动方案的必备结构。

下面，以本书附件三的《“范长江的职业精神”综合实践活动方案》为例，以活动方案结构为序，对活动方案设计的基本要求进行阐述。

一、活动方案题目

任何一个活动方案都应该有一个适切的题目，正如一篇文章应该有一个画龙点睛的题目一样。因此，综合实践活动方案的题目应该直接反映活动主题，以“‘＊＊＊（主题）’综合实践活动方案”的格式来表述。

常见的误区主要有两个。第一个误区是只有主题，没有“综合实践活动方案”字样。活动与活动方案是两个不同的事物，这种表述不能反映内容的综合实践活动方案的本质。第二种误区是只有“综合实践活动方案”字样，没有主题。这种表述不能反映活动方案的特定性，无法判断活动方案是否围绕主题设计。

在《“范长江的职业精神”综合实践活动方案》的题目表述中，“范长江的职业精神”是综合实践活动的主题。“‘范长江的职业精神’综合实践活动方案”是整份方案的题目。

二、活动背景

这部分内容主要负责阐释清楚为什么开展这个主题的综合实践活动，活动要解决什么问题。要求思路清晰，背景与活动主题直接相关。这也就是介绍活动主题确定的过程，这属于活动准备阶段的相关工作。

《“范长江的职业精神”综合实践活动方案》对范长江的情况作了简单的介绍，然后从学生身边的事物范长江纪念馆切入，引出“范长江职业精神有哪些值得我们学习和发扬的呢?”这个问题，明确“范长江的职业精神”主题综合实践活动要解决的问题。问题导向、思路清晰。

三、活动主体

小学综合实践活动的主体是小学生。方案要明确实施该综合实践活动的主体（含学校、班级等信息）。活动目标、活动分工、活动过程等要与活动主体的发展水平、发展规律要相适应。

《“范长江的职业精神”综合实践活动方案》明确活动主体是五年级学生，但不是全班或全年级的学生参加，只是综合实践活动小组的 10 位同学。所以，该活动方案在活动目标、活动分工、活动过程等方面提出的要求，就应该与五年级的学生身心发展水平和发展规律相适应，既不能超出五年级学生的水平，又不能低于五年级学生的水平。

四、活动目标

活动目标的设置要符合最近发展区原则，不能拔高活动目标，令学生望而却步。活动目标的表述要符合价值体认、责任担当、问题解决、创意物化的“四维”格式要求。活动目标要表达清晰，对学生每个维度需要达到的水平进行较为精准的描述；活动目标要合理，符合最近发展区原则①，适当高于学生已有水平。

《“范长江的职业精神”综合实践活动方案》的活动目标严格遵循《指导纲要》的要求，以“四维”格式清晰地描述了四个方面的目标。

---

① 维果茨基的最近发展区理论认为学生可能的发展水平与现有的发展水平之间存在差异，这个差异就是最近发展区。学生在现有的发展水平之上，通过一定的努力就能达到可能的发展水平。教育应该着眼于最近发展区，合理设置教育目标，为学生提供具有合理难度的教育内容，才能调动学生的积极性，实现教育目标。

五、活动分工

为了使综合实践活动小组成员清楚各自的工作，并且能把各自的工作置于综合实践活动整体之中来加以思考和调节，综合实践活动分工要全面、具体，要求要清楚，责任要到组或人，时间节点要明确。活动的工作分工要合理。

《“范长江的职业精神”综合实践活动方案》对整个综合实践活动的所有工作都做了全面具体的安排，明确了哪些同学什么时间之前完成哪些任务，达到了基本要求。

六、活动过程

活动过程要求目标鲜明、步骤清晰、环环相扣、活动内容明确、可操作性强，能有效达到预期目标。此部分应该涵括活动总结环节。

《“范长江的职业精神”综合实践活动方案》的活动过程步骤设置清晰，每一个环节都紧紧围绕活动目标设计和开展，且形成环环相扣之势。前两步是第三步的前提和基础工作。没有任何一个环节脱离目标、有累赘之嫌。

七、活动评价

综合实践活动评价要坚持评价的方向性、指导性、客观性、公正性等原则。评价应构建符合综合实践活动课程目标要求、以具体活动目标为指向、符合活动主体身心特点、重活动过程、评价主体多元化的评价指标体系（含简单的操作方案）。

要明确如何给参加活动的同学评价（打分、写评语等）。评价方案要坚持评价的方向性、指导性、客观性、公正性原则，要坚持评价主体（谁评价）多元化，要坚持评价对象分类评价（组长、组员、宣传员、纪律员等），要坚持评价标准覆盖面广、体系完整，要坚持评价依据客观真实（可以利用活动记录、活动档案等）。

《“范长江的职业精神”综合实践活动方案》的评价体系合理，评价主体体现了自我评价、家长评价、同伴评价、教师评价的多元化，评价操作简单明了。这些完全体现了方向性、指导性、客观性、公正性等原则。

八、活动安全

综合实践活动的时空多样化，给学生的安全带来一些不确定因素。因此，教师应该根据学生的身心特点和活动要求，充分评估学生在各个不同活动空间的安全隐患，提前做好周详的安全风险预案，并争取学校和家长的同意和配合。

只有安全保障措施周详，才能有效保障学生的财物、生命安全。必要时，安全保障措施应该通过班主任、家长、学校审核同意，让他们放心把学生交给指导教师带出校园开展活动。

指导教师需要对学生的安全负责。为制定周详的安全保障措施，可以从以下几个方面着手。

第一，要对综合实践活动的活动范围、活动情境进行合理的规划和设计。

第二，将综合实践活动过程的时间、空间、内容延伸控制在学生精力、能力、时间许可的范围内，避免因为超负荷活动而发生意外事故。

第三，综合实践活动全程要在指导教师参与的前提下进行，校内活动重视教师的协同参与，校外活动尽可能吸收与活动场所、活动内容相关的社会人士做指导老师，减少因为活动组织、设计而产生的意外事故。

第四，开展小队活动时，要考虑安全责任的监督和落实。

第五，加强安全教育，让学生学会对自己的行为负责。

第六，学校和指导教师应提供必要的机会，让家长认识综合实践活动课程，了解学校的安全措施和规章制度，必要时请家长以适当的身份直接参与综合实践活动，赢得家长对这门课的支持。

《“范长江的职业精神”综合实践活动方案》的安全措施比较完善，安全预案也相对合理。且学生在校外活动期间的安全防范得到了社会（机构）的全力支持。这种安全预案比较容易得到学校和家长的认同和支持。

九、活动预算

活动需要一定的经费支持，因此，要求预算清晰、明细清楚、表格规范、预算合理、有准确的预算设计。

预算要明细，要规范，要合理。

预算非常重要。所有的活动都必然需要一定的经费支持。综合实践活动的经费要么由班级承担，要么由学校承担。班级和学校的经费都是非常紧张的，需要统筹全班、全校的开销。即使是在教学上的开销，也要统筹考虑综合实践活动和其他学科的教学开销。所以，这些经费不可能无条件、无限制地支持综合实践活动。经费过高或超出可承担范围，则该综合实践活动不具可操作性。因此，活动方案应该对整个综合实践活动的所有花销经费进行预算并进行预算控制。

综合实践活动经费预算至少要达到四个基本要求。一是预算清晰，不能有预算含糊之处。二是明细清楚，换言之，就是要明确各项花销是怎么使用的。三是预算规范，例如预算表格的格式要规范。符合规范的预算才能使人一目了然。四是预算合理，每一项支出都要紧扣综合实践活动的需要，以达到综合实践活动目标为准，且支出金额都是合理的。

《“范长江的职业精神”综合实践活动方案》的活动预算能做到实事求是。例如，口罩的数量比较合适，单价合理。预算的总费用也相对合理，在可承担范围内。

第二节　小学综合实践活动实施的一般要求

一、方案撰写：师生合作

《指导纲要》明确向教师提出“要让学生积极参与活动方案的制订过程”。因此，教师撰写综合实践活动方案要让学生全程参与，吸纳学生合理的建议和要求，引导学生全面、准确、充分地理解综合实践活动方案，为他们高质量执行活动方案打好基础。

指导教师同时还要保证活动方案的可行性、可操作性、安全性。活动方案只有具备了可行性、可操作性、安全性，活动方案才可能付诸实施。

二、活动内容：贴近学生生活

综合实践活动课程是面向学生生活、基于学生生活经验进行设计和实施的。因此，教师在指导综合实践活动实施过程中要落实两个方面的要求。

第一，综合实践活动内容必须贴近学生生活。基于学生生活既是综合实践活动课程的理念，又是综合实践活动课程设置的初衷。如果脱离了学生的生活，综合实践活动课程就失去了意义和价值。因此，不管是《指导纲要》推荐的主题，还是学生自主选择的主题或者学校统筹设定的主题，都要贴近学生生活。

第二，综合实践活动应该以融合的方式整合各方内容。综合实践活动的整合性原则要求综合实践活动与教育目的、学生身心发展规律、学生的三种关系、各学科知识整合。整合不是堆砌。堆砌就像一盘卤水拼盘，各种食材泾渭分明。融合才是整合的最佳方式。融合就像一锅汤，在一个载体里，所有食材的营养成分都融入了汤里面，不分彼此。教育目的、学生身心发展规律、学生的三种关系和所有学科知识就像这锅汤里面的食材，要用这些食材炖出一锅营养均衡且美味的汤。所以，综合实践活动不能为了整合而整合，要根据需要整合。在综合实践活动中，学生的身心发展是“炖汤”的动机，要炖出一锅有利于学生身心发展的营养均衡的好汤；教育目的、学生身心发展规律、学生的三种关系、各学科知识是这锅汤的食材；贴近学生生活又高于学生生活的综合实践活动是炖好的营养美味的汤。

三、活动过程：学生参与

综合实践活动过程要求学生全员参与、全程参与、全身心参与，这是由综合实践活动课程的本质特征所决定的。

（一）综合实践活动方案设计为学生参与提供依据

综合实践活动方案是活动执行的依据，也是学生参与活动的依据。因此，在综合实践活动方案设计时，指导教师应该注意以下几点。

第一，明确学生参与的要求。在活动分工时，要确保每位学生全覆盖。要求每位学生都参与其中，每位学生都要有参与的任务和内容。每位学生都要明确各自要完成哪些活动、用多少课时、形成什么成果、达到什么目标等，同时，也要明确要求每一位学生都要总结体验进行交流。

第二，明确学生参与的权利。一方面要对每一位学生明确，在活动方案设计和实施的过程中，他们拥有质疑的权利，并欢迎学生拥有独立见解、提出意见和建议。另一方面，要坚持民主平等的师生关系，把为学生自主学习创设氛围、为学生参与提供条件作为方案设计的关注点之一。

（二）综合实践活动方案实施为学生参与提供条件

第一，指导教师要控制活动节奏，确保每位学生在完成任务过程中有时间、有精力进行独立的思考和探索，能与其他同学、指导教师或其他相关人员开展深入有效的交流探讨。

第二，指导教师要激发和保护学生的科学精神。在综合实践活动开展过程中，指导教师要激发和保护学生实事求是、独立思考和创新等科学精神。对学生的科学精神要加以鼓励和引导，不要简单粗暴地否定学生的想法、意见和建议。

第三，指导教师要加强指导，引导学生深入思考活动过程出现的新情况新问题、实现新的知识和能力与生活经验双向迁移，使有用的生活经验助力新知识新能力的学习，使新知识新能力的学习快速形成新的生活经验，甚至改变已有的、不合理的生活经验。

首先，指导教师要为学生提供必要的基础知识。不是所有知识都需要学生自己通过实践来获取的，综合实践活动也不是建立在学生“零知识基础”上的。因此，指导教师应该为学生提供必要的基础知识，引导学生深入实践。例如学生想到图书馆找一本书，如果学生对图书馆一无所知，他是无法找到这本书的，指导教师此时应该为学生介绍图书馆藏书和搜索书籍的基础知识。

其次，指导教师要指导学生整理归纳相关信息。学生在综合实践活动中会获取大量的信息，当遇到学生无法整理归纳这些信息的时候，指导教师应该及时加以指导。例如学生考察了学校周围的地形和环境，画出了学校周围的地图，但是学生此时对学校周围的认识还不够系统。指导教师此时应帮助学生加以归纳，明确地图上哪些地方是生活区、生产区、办公区、商业区等。学生马上就会对学校周围有较为系统的认识。

再次，指导教师要引导学生交流合作。学生在综合实践活动中应该主动通过交流来获得和共享信息，实现交流中合作、合作中交流，有效推动综合实践活动深化。

最后，指导教师要指导学生进行成果表述、展示以及总结。活动成果的表述方式很多，例如书面文章、手工、图片、视频、话剧、小发明等，指导教师要指导学生运用适合成果内容和学生特长的表述方式来表述成果。成果形成后，还需要通过适当的方式向不同受众展示。活动结束后，指导教师还应该指导学生进行活动总结，正视活动、小组和每一位组员的优缺点，既促进学生的发展，又为下一次活动提供经验教训。

四、活动特色：创新、提炼

综合实践活动的特色主要体现在主题特色、内容特色、活动方式特色、活动成果特色四个方面。这些特色形成的关键在于综合实践活动与学校教育理念的结合和面向学生生活经验。学校教育理念和学生生活经验的独特性，必然会使综合实践活动在地域文化和填补空白两方面容易形成创新。在此基础上，只要指导教师加以提炼，每一个综合实践活动的特色都足够鲜明突出。

学校教育理念和学生生活经验在地域文化中孕育和发展，具有强烈的地域文化特色。因此，综合实践活动主题、内容本身与地域文化有着一脉相承的关系。如内江市东兴区杨家镇中心学校以内江红色文化为主题、内江市东兴区田家镇中心学校以范长江文化为主题、内江市东兴区椑木镇中山学校以桃子文化为主题的综合实践活动，必然具有地域文化特色。把地域文化与社会需要结合起来的综合实践活动，如内江市椑木镇中心学校把当地母亲河——沱江里特有的鹅卵石与廉洁结合起来的廉洁文化主题综合实践活动，必然具备一定的“填补空白性质”的特色。把沱江里特有的鹅卵石与廉洁结合起来，这是其他地方、其他学校的综合实践活动没有实现过的。但是，榫木镇中心学校廉洁文化主题综合实践活动不仅实现了，还形成了学校的教育特色。省、市各大媒体都对该校综合实践活动进行了报道。

第六章

小学综合实践活动课程管理与保障

学习目标

1. 理解小学综合实践活动课程管理的体制。
2. 了解小学综合实践活动课程指导教师职前培养的现状。
3. 了解小学综合实践活动课程支持体系建设与保障。

第一节 教师培训与教研指导

一、建立指导教师培训制度

《指导纲要》非常重视指导教师的成长和发展，要求建立指导教师培训制度。

"要开展对综合实践活动课程专兼职教师的全员培训，明确培训目标，努力提升教师的跨学科知识整合能力，观察、研究学生的能力，指导学生规划、设计与实施活动的能力，课程资源的开发和利用能力等。要根据教师的实际需求，开发相应的培训课程，组织教师按照课程要求进行系统学习。要不断探索和改进培训方式方法，倡导参与式培训、案例培训和项目研究等，不断激发教师内在的学习动力。"

综合实践活动课程指导教师培训有众多内容和方式方法，但是，各种内容往往不能独立形成主题，这些方式方法往往也不能独立使用。下面我们看看某小学的综合实践活动课程指导教师培训的基本思路和模式。

【案例 6-1】

某小学综合实践活动课程指导教师培训制度

某小学为加强小学综合实践活动课程指导教师培训，制定了如下制度。

一、请进来，问题导向

综合实践活动课程教研组定期收集教职工和校外兼职指导教师在指导学生实施综合实践活动过程中遇到的问题和产生的困惑，并将其凝练成讲座主题，报学校综合实践活动课程领导小组。领导小组根据讲座主题，定向邀请校外专家进校园，为教职工和校外兼职指导教师作培训讲座。

二、走出去，引领发展

学校每个学期派若干名教师外出参加各种综合实践活动课程指导教师培训活动。

外出参加培训的教师应该发挥“辐射”作用，带回培训资料，并根据培训的主题或内容形成一篇参训心得体会或理论探讨的文章。由综合实践活动课程教研组组织一次综合实践活动课程指导的相关主题研讨会议，学习参训教师带回的培训资料，并讨论参训教师撰写的心得体会或文章。通过这种方式，外出参训教师可以引领其他教师实现共同发展。

三、共成长，自我培训

每个学期学校将至少开展以下活动：借助“四川云教”平台联合四川各地优质学校共同研讨小学综合实践活动课程、指定教师指导内江师范学院学习“小学综合实践活动课程设计与组织”课程的学生到校开展社会实践、在高校教师指导下开设小学综合实践活动课程实验班。全体教职工应该在所有涉及小学综合实践活动课程的活动中发现自身综合实践活动指导能力的不足和问题，并且通过与活动的其他参与者共同学习、共同探讨、共同成长的方式，实现自我培训、自我提高。

【案例点评】

该小学的综合实践活动课程指导教师培训，按照“走出去、请进来、共成长”三种模式进行了合理安排。从培训内容和主题来看，强调了教师的培训需求，尊重了教师自身发展的需要。从培训方式来看，强调了教师参与，从“请进来”的讲座主题，到“走出去”的参训教师“辐射”，再到“共成长”的教师自我培训，教师的参与度都是非常高的。从综合实践活动课程指导教师成长来看，这个教师培训制度安排基本能按照“缺啥补啥”的原则，为教师成长提供有效支持。

二、建立健全日常教研制度

《指导纲要》非常重视指导教师成长和发展，要求建立健全日常教研制度。

“各学校要通过专业引领、同伴互助、合作研究，积极开展以校为本的教研活动，及时分析、解决课程实施中遇到的问题，提高课程实施的有效性。各级教研机构要配备综合实践活动专职教研员，加强对校本教研的指导，并组织开展专题教研、区域教研、网络教研等，通过协同创新、校际联动、区域推进，提高中小学综合实践活动整体实施水平。”

为有效落实《指导纲要》的要求，某小学建立了“一结合两参与一实验”的日常教研制度。

【案例 6-2】

某小学"一结合两参与一实验"综合实践活动日常教研的情况

某小学将综合实践活动课程日常教研活动做了"一结合两参与一实验"安排，并且取得了较好的效果。

一、"一结合"

日常教研与培训结合。综合实践活动课程指导教师的日常教研除了解决急迫的教学难题，还与"四川云教"平台联合四川各地优质学校共同开展的小学综合实践活动课程培训、外派教师参训、专家进校专题讲座培训等培训相结合。教师带着综合实践活动指导工作中的疑惑参加培训，用培训获得的经验和理论指导综合实践活动的指导工作，做到日常教研与培训一体化。

二、"两参与"

综合实践活动课程指导教师要积极参与合作单位的教学改革和科研项目。

参与高校教学改革。综合实践活动课程专任教师积极参加内江师范学院"小学综合实践活动设计与组织"课程改革、授课、录制微课等活动。专任指导教师已经完成了六个学期的大学课程授课、参与高校《小学综合实践活动设计与组织》课程成功申报为四川省第二批社会实践一流本科课程、内江师范学院社会实践一流本科课程、内江师范学院思政示范课程、内江师范学院教改项目"战略合作伙伴学校联盟的实践研究"核心课程等。在参加高校教学改革过程中，综合实践活动专任教师参与编写并出版了系列与高校"小学综合实践活动设计与组织"课程配套且可以用作本校小学综合实践活动辅助教材的丛书，录制了 2 节课程教学微课录像，获得了省、市科研奖项 2 项。

参与高校科研项目。综合实践活动课程专任教师积极参加内江师范学院专家主持的"乡村振兴战略背景下的农村教师师德建设研究"（省级）、"红色文化在小学教育中的传承与发展研究"（校厅级）、"内江市革命文化传承与发展研究"（校厅级）等课题科研，同时，在内江师范学院专家的指导下开展了"新时代'三位一体'古诗文吟诵教育的研究"（省级）的课题研究。在这些课题中，小学综合实践活动是重要载体和资源。综合实践活动课程专任教师深化了对综合实践活动课程的理解和认识，提高了指导综合实践活动的能力，同时，在高校专家的悉心指导下，其教科研能力也得到迅速提升。课题成果获得省级科研奖项 1 项。

三、"一实验"

在高校专家的指导下，学校开设了综合实践活动课程实验班，探索、开发具有本校特色的"廉政文化教育"综合实践活动课程。通过实验班该课程得到社会广泛关注，被一批具有社会影响力的媒体争相报道。

【案例点评】

该小学建构了立体的“一结合两参与一实验”综合实践活动课程日常教研活动安排。日常教研活动均指向教师所学、所思、所惑，不仅实现了区域教研，还实现了大学和小学的紧密合作；不仅提高了教师的教学能力、科研能力，还提高了教师的理论水平，深化了教师对综合实践活动课程的认识和理解；不仅提高了师资队伍的水平，还切实取得了系列的科研成果、科研奖项。

这是一个非常有借鉴价值的综合实践活动日常教研活动安排。

第二节　小学综合实践活动课程师资职前培养

《指导纲要》对综合实践活动课程师资在职培训作了相关的要求。作为中小学的一门课程，在师范生职前培养阶段培养小学综合实践活动课程师资也是高等师范院校的重要任务之一。

一、综合实践活动课程师资培养课程简要述评

较早开设综合实践活动课程师资培养课程的高校主要是开设小学教育专业的高校。但是，由于前期研究者对综合实践活动课程的认识存在很多分歧，不同的学校在培养课程的名称、开设的课时、培养的目的和模式等上都存在极大差别。

（一）课程名称莫衷一是

不同学校对综合实践活动课程师资培养课程的称谓差异很大。综合实践、综合实践活动、小学综合实践活动、综合实践活动设计与实施、综合实践活动课程、小学综合实践活动与劳动教育指导、小学综合实践活动指导，林林总总，莫衷一是。这些名称的不同，反映了不同研究者对小学综合实践活动课程的不同认识。

“综合实践活动课程”是一门课程，其师资培养课程的名称可以参考已成熟的语文课程、数学课程、英语课程等的师资培养课程。这些课程师资培养课程的名称多为：语文课程与教学法（或语文教学法）、数学课程与教学法（或数学教学法）、英语课程与教学法（或英语教学法）。综合实践活动课程师资培养课程应该是“综合实践活动＊＊＊”，而不是“综合实践活动”。正如“语文课程与教学法”不能被称为“语文”或者“语文课程”一样。

同时，尽管《义务教育课程方案和课程标准（2022 年版）》“鼓励将小学一至二年级道德与法治、劳动、综合实践活动，以及班队活动、地方课程和校本课程等相关内容整合实施”，但是，劳动教育与综合实践活动毕竟有着本质的区别，在劳动教育理论和综合实践活动课程理论都已经足够丰富的情况下，把劳动教育与综合实践活动课程的师资培养课程统合成一门课程，只会削弱统合课程的专业性和课程指向性，不利于师范生专业化发展。

另外，在中小学综合实践活动课程中，教师的主要角色不是教学者，而是指导者。《指导纲要》明确要求“教师既不能‘教’综合实践活动，也不能推卸指导的责任，而应当成为学生活动的组织者、参与者和促进者”。换而言之，教师在综合实践活动课程中不是“教”综合实践活动，而是“指导”学生实施综合实践活动。教师不能以教学法来推动综合实践活动课程实施，而应该运用指导法来指导学生开展综合实践活动，而且教师的指导应该贯穿于综合实践活动课程设计与组织的全过程。

综上考虑，综合实践活动课程师资培养课程应该被称为“综合实践活动设计与组织”较为合适。

（二）课程目标千差万别

关于小学综合实践活动课程师资培养的课程，各高校设定的课程目标也存在较大的差别。有的课程以理论教学为主，所有课时均用于理论教学。有的课程以实践教学为主，三分之二以上的课时被用于实践教学。有的课程理论教学和实践教学并重，两种类型的教学均分所有课时。课程课时分配的差异反映了课程目标中人才规格和人才知识能力结构的差异。

课程目标差异较大的根本原因是部分课程的培养目标是从小学综合实践活动课程的相关文件的解读入手，而止于文件解读。每位研究者对综合实践活动课程文件的解读都存在一定的差异。而这些解读又因种种原因没有与小学综合实践活动课程实施结合起来，没有经过实践检验，最终导致了小学综合实践活动课程师资培养课程目标的差异。

综合实践活动课程师资培养课程的目的是培养能胜任综合实践活动课程指导工作的师资，而综合实践活动课程师资胜任力成分和结构主要来自实践总结和检验。脱离了小学综合实践活动课程实施，高校的师资培养课程就失去了有效的培养方向和目标。因此，高校小学综合实践活动课程师资培养课程必须紧密依靠小学综合实践活动课程实施和课程改革。

（三）课程教材大相径庭

已经出版的综合实践活动课程师资培养教材之间也存在明显的差异。

不同教材的编写理念差异明显。有的课程教材依然因循传统中小学科学教师“教”的主导作用，培养会“教”的综合实践活动课程师资；有的课程教材依然固守传统师资培养课程理论学习为主的培养模式，只有理论阐述，忽略指导方法的实践性，缺乏实践训练；有的课程教材却止步于实践实训课程的操作示范，仅提供大量综合实践活动案例，忽略了综合实践活动作为一门新开设的课程，需要新的教育理念来支撑和指导，缺乏对综合实践活动的理论阐述。

不同教材的结构不一样。有的教材分理论、实践、策略三个篇章，有的教材分理论和案例分析两个部分，有的教材只是综合实践活动案例选编，有的教材分基础理论、活动设计、课程实践三个篇章，有的教材是小学综合实践活动课程实施的经验汇编。

课程教材的差异，本质上反映了编写者们对综合实践活动本质和定位的理解存在较大差异。

首先，作为与课程与教学法相类似的课程，小学综合实践活动课程师资培养课程应该涵括小学综合实践活动课程理论和小学综合实践活动课程指导法两个部分的内容。这两个部分的内容可以相互独立，也可以相互融合。

其次，小学综合实践活动课程师资培养课程应该培养会指导的教师。“会指导”意味着教师既掌握指导策略，又掌握指导方法。二者缺一不可。

最后，小学综合实践活动课程师资培养课程应该注重实践教学。

指导是指示教导、指点引导之意。这是一个极具个性化、情境化和具象化的行为，因此，个体指导能力的提高，不能仅靠理论学习，还需要通过实践实训，积累指导经验，掌握指导方法，以全面提升个体在各种情境下、面对不同指导对象和指导内容的指导能力。因此，综合实践活动课程师资培养课程应该注重实践教学。

二、小学综合实践活动课程师资培养课程的新探索

小学综合实践活动课程师资培养课程在内江师范学院已经开设了 15 年。该课程在开设之初，借鉴了语文课程与教学论和幼儿园美术活动设计与指导等课程开设的经验，将自身定位为理论课程。

自课程开设之日起，课程改革的步伐从未停止。至今，课程改革可以分为三个阶段。

（一）课程转型改革（2011 年 9 月—2015 年 8 月）

2011 年，课程由纯理论课转型为理论与实践并重的课程。课程转型主要是基于教师团队对小学综合实践活动课程理念认识的深化。教师团队认为，小学教师在小学综合实践活动中的主要角色是指导者，其主要作用是指导小学生开展综合实践活动，

而不是传统学科意义上的教学者角色。由此，教师团队认为，高校小学综合实践活动课程师资培养课程应该是“小学综合实践活动课程与指导方法课程”（以下简称“导法课”）。

课程的转型主要体现在三个方面。第一，设置了占50%课时的实践教学环节，要求师范生到小学完成一次综合实践活动设计与指导。第二，设置了实践教学环节考核成绩占总成绩的60%、笔试考核成绩占总成绩的40%的考核机制。第三，强化师资培养课程教师团队建设。让小学一线优秀教师加入导法课教师团队，但是此时的教师团队以高校教师为主。

（二）教学模式改革（2015年9月—2017年8月）

从2015年开始，以构建符合导法课特点的教学模式为抓手，深化导法课课程改革。

1. SPG教学模式建构

教师团队建构了“理论学习—社会实践—共同发展”（theory studying，social practicing，growing together，SPG）的以学生发展为中心的教学模式。

SPG教学模式以马克思主义认识论为指导思想。马克思主义认识论指出，人的认识是在实践基础上的能动反映。一方面，实践是认识的动力，为认识提供物质条件，也是认识的来源，更是检验认识的唯一标准；另一方面，认识是“实践—认识—再实践—再认识……”无限循环往复的辩证发展过程。在认识的辩证发展过程中，认识经历了两次飞跃：由感性认识到理性认识的能动的飞跃，由理性认识到实践的能动的飞跃。

根据马克思主义认识论，导法课特别重视小学综合实践活动课程理论学习与课程实践的关系，努力构建理论学习与课程实践相互促进的教学模式。

从知识点的学习来说，师范生在导法课中的每个知识点的学习要经过认识的循环往复过程和飞跃。在理论教学中，导法课每一个知识点的教学都融合了真实的典型案例及其点评。从理论知识的学习来说，师范生在理论学习结束之后，要到小学开展一次完整的社会实践（课程实践）[①] ——指导小学生开展一次综合实践活动。

同时，导法课教师团队为了突出教育对个体、对学校、对社会实践基地发展的促进作用，强调课程社会实践要兼顾师范生、小学生、小学校、社会实践基地四方的共同发展。

在开展SPG教学模式探索的过程中，导法课教师团队发现，导法课单方面的课

① 这里称课程实践为社会实践，是因为师范生在指导小学生开展综合实践活动时，综合实践活动所依托的时空既涉及小学和高校校园，又涉及社会（实践基地）。因此，社会实践能比课程实践更好地体现实践环节的特点。

程改革、社会实践环节中师范生简单实现“理论应用于实践、实践中检验理论”，都难以培养真正胜任小学综合实践活动课程指导工作的师资。因为小学综合实践活动课程指导工作本身就包含了小学综合实践活动课程的研究和改革。例如课程资源开发，教师必须对小学综合实践活动课程有一定的研究，才能把课程资源开发与课程改革结合起来，才能开发出高质量的课程资源，才能充分发挥课程资源的育人作用。因此，导法课教师团队试图实现大—小学课程改革联动，并在课程改革联动中丰富课程社会实践环节的主题和内容，培养合格的小学综合实践活动课程师资。

2. 取得的其他重要成果

在 SPG 教学模式逐渐成熟的同时，导法课教师团队与小学一起构建了综合实践活动课程资源开发的红色文化教育、劳动教育、构建人类命运共同体、科技创新四个活动主题。

（三）大—小学课程改革联动模式建构（2017 年 9 月至今）

1.“学训研改”模式建构

皮亚杰的认识发生论认为，认识的发展是主客体相互作用的结果：“反应不是由刺激简单决定的，相反，何种信息能成为对主体的必然的‘刺激’，须由主体现存的‘结构’来决定。因此，主客体之间的关系是一种双向关系：S↔O，即客体作用于主体的同时，主体也作用于客体。”①

在导法课的课程社会实践中，师范生不仅要实现所学理论的应用，用社会实践来检验所学理论、深化对所学理论的理解，还要直接参与小学综合实践活动的课程研究、课程改革、课程资源开发。只有这样，师范生才能更加深刻地理解小学综合实践活动课程的理念，才能提高小学综合实践活动课程改革和课程资源开发的能力，才能形成小学综合实践活动课程的指导能力。

由导法课教师团队主导的战略合作伙伴学校联盟（strategic partner union of schools，SPUS）为导法课的进一步改革提供了基础条件。

战略合作伙伴学校联盟是由若干大学（院系）和中小学通过签署合作协议组成的以教育事业发展为目标的战略合作共同体。它以“建立内部无边界的平等、民主和相互尊重的多层、多维、持久的教育合作空间，加强成员学校（院系）整体协调发展，为各成员学校（院系）发展提供智力支持和平台”为宗旨，是大中小学合作理念、内容和形式创新的综合体现②。

---

① 高觉敷. 西方心理学的新发展［M］. 北京：人民教育出版社，1987：105.

② 林海亮，陈理宣. 战略合作伙伴学校联盟：大中小学合作模式的创新［J］. 教育发展研究，2013（20）：64-67.

在战略合作伙伴学校联盟的框架下，导法课的课程社会实践环节得到了极大的丰富，师范生直接参加了小学综合实践活动课程的研究、管理，课程资源开发，课程改革，不仅把导法课的理论应用到实践中，在实践中深化对理论知识的理解，还在实践中形成了对小学综合实践活动课程的新的、独特的认识，同时，把小学综合实践活动课程改革的新要求、新动态及时反馈给导法课教师团队，实现导法课与小学综合实践活动课程改革联动。

经过导法课教师团队的总结提炼，这个阶段的改革逐渐形成了综合实践活动课程“学训研改”（study，practice，research，reform，SPRR）一体化改革模式。学，是指师范生在导法课的理论学习；训，是指师范生在导法课教师团队指导下开展的课程实训（即课程社会实践）；研，是指师范生在课程实训过程中，在导法课教师团队和社会实践基地（含学校）优秀教师指导下开展小学综合实践活动课程的研究；改，是指师范生在导法课教师团队和社会实践基地（含学校）优秀教师指导下参与小学综合实践活动课程改革（含课程资源开发）、推动导法课课程改革。最后，实现师范生和小学生的发展，实现导法课和小学综合实践活动课课程改革的联动深化，实现社会实践基地（含基地教师）和导法课教师团队的发展。

2. 取得的其他重要成果

在这个阶段，以“学训研改”模式建构为抓手，导法课教师团队与小学的合作在小学综合实践活动课程资源开发方面也取得了丰富的成果。

在庆祝中国共产党成立 100 周年大会上的重要讲话中，习近平总书记明确提出“坚持把马克思主义基本原理同中国具体实际相结合、同中华优秀传统文化相结合”的重要命题。在“两个结合”的指导下，导法课教师团队在原来小学综合实践活动课程资源开发的四个活动主题基础上，重新梳理并进一步完善了活动主题，并出版了相应的书籍作为小学综合实践活动课程的课程包（见图 6-1）。

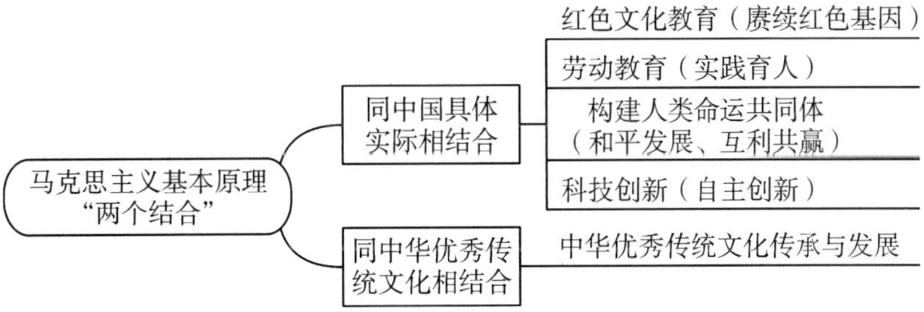

图 6-1　“五大主线”活动主题建构

（四）课程改革取得的效果

1. 促进师范生高质量发展

本成果支持、鼓励师范生通过社会实践指导中小学生开展综合实践活动、直接参与综合实践活动课程改革。这为师范生高质量发展提供了有力支持。导法课教师团队指导 1 名师范生参加全国首届小学教育专业本科生教学技能比赛获三等奖；指导 2 名师范生参加四川省师范技能大赛，分别获一等奖、二等奖；指导师范生参加小学综合实践活动课程包“廉洁种子种童心”的编写和出版；指导学生发表课程论文 1 篇。

2. 导法课教师团队取得丰硕科研成果

导法课教师团队（含小学优秀教师）在综合实践活动“学训研改”一体化改革基础上，以导法课成功申报了省级社会实践一流本科课程、省级线上一流本科课程、校级一流本科专业思政示范课程、校级社会实践一流本科课程各 1 项；完成了导法课网络（线上）课程建设，开课 6 个学期，选课学校 8 所，选课人数达 5 908 人；成功申请省级科研项目 1 项、校厅级科研项目 2 项，获得省教育科学研究院三等奖；出版 2 部学术专著、6 本综合实践活动课程教材，发表 10 余篇研究论文，学术成果 3 次获省优秀教育科研成果二等奖及以上，获市级教育科研成果一等奖 2 项。

3. 成果应用和推广扩大学校和专业影响力

本成果多次受到省、市级媒体大力宣传报道，参加了第一、二届由人民教育出版社举办的基础教育成果展，导法课教师团队多次受邀到省外多地开设讲座、指导综合实践活动课程改革和科研。这有效地扩大了学校和专业的影响力。

4. 实践基地（学校）取得新发展

某小学的综合实践活动课程包被省级部门网站连载，学校党支部被评为“廉洁细胞”。某小学在导法课教师团队指导下新建设了劳动实践基地。有 4 所学校在导法课教师团队指导下提炼和打造了小学综合实践活动主题校园文化。省、市级主流媒体对实践基地（学校）的综合实践活动进行了报道。

第三节 小学综合实践活动课程支持体系建设与保障

《指导纲要》明确地方教育行政部门、教研机构和学校要从以下几个方面支持和保障小学综合实践活动课程资源开发利用和实施。

一、课程资源支持体系建设与保障

《指导纲要》要求地方教育行政部门、教研机构和学校为小学综合实践活动课程提供支持和保障。《指导纲要》指出：

地方教育行政部门、教研机构和学校要开发优质网络资源，遴选相关影视作品等充实资源内容，为课程实施提供资源保障。要充分发挥师生在课程资源开发中的主体性与创造性，及时总结、梳理来自教学一线的典型案例和鲜活经验，动态生成分年级、分专题的综合实践活动课程资源包。各地要探索和建立优质资源的共享与利用机制，打造省、市、县、校多级联动的共建共享平台，为课程实施提供高质量、常态化的资源支撑。

综合实践活动课程资源保障体系中有明确的课程资源开发主体、课程资源类别、课程资源管理、课程资源平台。

地方教育部门、教研机构、学校和师生都是课程资源开发的主体，都负有相应的责任。地方教育部门、教研机构和学校开发的课程资源是网络资源，属于宏观和中观层面的网络资源。师生课程资源是典型案例和经验，属于微观层面的实践资源。

课程资源开发后，要按照年级、主题、网络资源等分类标准进行分类，要探索和建立共享与利用机制进行有效管理，配合共建共享平台的建设，实现省、市、县、校多级联动，使课程资源发挥最大的效用。

【案例 6-3】

内江师范学院省级一流本科社会实践课程“小学综合实践活动设计与组织”

内江市东兴区是革命老区。杨家镇中心学校利用革命老区红色文化资源丰富的特点，联合椑木镇中心学校、小河口镇中心学校、阳光学校、顺河镇中心学校，在开展红色文化主题综合实践活动过程中，搜集、开发和出版了小学生用的“闪闪红星耀东兴”、初中生用的“闪闪红星耀甜城”系列课程资源。这些课程资源在当地的中小学中实现了无条件共享，在综合实践活动课程中得到了广泛使用。

课程资源支持体系建设解决了个别地方或学校课程资源短缺、课程实施经验不足等问题，有力地保障了综合实践活动课程的实施。

二、配套硬件体系建设与保障

《指导纲要》要求：

学校要为综合实践活动的实施提供配套硬件资源与耗材，并积极争取校外活动场所支持，建立课程资源的协调与共享机制，充分发挥实验室、专用教室及各类教学设施在综合实践活动课程实施过程中的作用，提高使用效益，避免资源闲置与浪费。有条件的学校可以建设专用活动室或实践基地，如创客空间等。

地方教育行政部门要加强实践基地建设，强化资源统筹管理，建立健全校内外综合实践活动课程资源的利用与相互转换机制，强化公共资源的相互联系和硬件资源的共享，为学校利用校外图书馆、博物馆、展览馆、科技馆、实践基地等各种社会资源及丰富的自然资源提供政策支持。

配套硬件体系，就建设主体而言，包括地方教育行政部门和学校；就建设内容而言，包括校外实践基地、活动场所，校内实验室、专用教室及各类教学设施以及相关耗材；就管理制度而言，包括校内课程资源的协调与共享机制、校外课程资源的利用与相互转换机制以及相关政策支持；就建设路径而言，主要是资源整合、共享。例如校内的实验室、专用教室（如体育室、应急救护培训教室、手工室、书画室、少先队室等）的统筹使用，校外的公共资源（如图书馆、博物馆、展览馆、科技馆、实践基地）的互联互通、共建共享。

【案例 6-4】

内江师范学院省级一流本科社会实践课程“小学综合实践活动设计与组织”实现了小学综合实践活动课程师资培养与小学综合实践活动课程改革联动。该课程的教师团队与若干小学联合建立了范长江纪念馆综合实践活动基地（师资培养基地）、张大千纪念馆综合实践活动基地（师资培养基地）、大千艺苑甜蜜乐园艺术综合实践活动基地（师资培养基地）等基地，实现了综合实践活动课程师资培养、小学综合实践活动社会实践的联合互动和基地统筹使用。

三、经费体系建设与保障

《指导纲要》要求地方和学校对综合实践活动课程给予经费保障：

地方和学校要确保开展综合实践活动所需经费，支持综合实践活动课程资源和实践基地建设、专题研究等。

在经费体系里，地方和学校是主体，经费主要用于课程资源建设、实践基地建设、专题研究三个方面。

地方经费保障形式多样，有的地方直接把经费明细列进预算，有的地方单列“综合实践活动实验学校预算”（如威海市、荣成市、龙口市等山东省部分地区），有的地方把综合实践活动课程所需经费与研学的经费统筹预算使用，还有的地方鼓励学校采取多种形式、多种渠道筹措综合实践活动所需经费。

不管以哪种形式保障综合实践活动经费，综合实践活动的资源建设、实践基地建设、专题研究的经费都得到了较为充分的保障。

【案例 6–5】

威海市综合实践活动实验学校简介①

威海市综合实践活动实验学校（威海市中小学生综合实践教育中心）成立于2013年8月19日，为市教育局直属的全额拨款事业单位，位于威海市工业新区汪疃镇村北半壁山南，距市中心25千米，学校占地面积152亩，建筑面积3万平方米，开设生存体验、素质拓展、科学实践、专题教育四大类活动项目。学生在基地训练期间，可以从事学工、学农、学军、科普教育、生命安全教育、素质拓展等活动。

一、主要职责

（一）承担城区中小学生校外综合实践活动课程教学工作

面向威海市城区（环翠区、文登区、经区、高区、临港区、南海新区）中小学校开展校外综合实践活动课程教学。使学生形成对自身、自然和社会的整体认知，养成积极负责的生活态度，培养学生的合作意识、沟通能力、创新精神，提高学生的实践能力。

（二）举办中小学生研学旅行活动

合理利用校内和校外教育资源，开展面向中小学生的研学旅行活动。使广大中小学生在研学旅行中感受祖国大好河山，感受中华优秀文化，感受革命光荣历史，感受改革开放伟大成就，培养健康的身心、强健的体魄、坚强的意志，帮助中小学生形成正确的世界观、人生观、价值观，成为德智体美劳全面发展的社会主义建设者和接班人。

---

① 根据《2024年威海市综合实践活动实验学校单位预算》公开文件以及山东省教育厅官网相关资料整理。

（三）开展教师实践教育活动

依据教育局对教师实践教育活动的有关规定，面向威海市中小学校教师开展实践教育活动，提升教师的实践能力和创新精神。

（四）承担形式多样的德育主题教育

坚持立德树人、德育为先的教育理念，面向中小学生开展人防、交通、消防、法治、革命传统、国防、心理健康、防震减灾等德育主题教育，培养学生的爱国意识、道德意识、责任意识、法律意识，帮助学生树立正确的生命安全和健康意识，提高学生的思想道德水平。

二、机构设置情况

本单位为威海市教育局二级预算单位，无下属单位。单位设立办公室、政工科、教务科、课程科、学生科、总务科。

四、安全体系建设与保障

《指导纲要》高度重视综合实践活动课程的安全保障，要求：

地方教育行政部门要与有关部门统筹协调，建立安全管控机制，分级落实安全责任。学校要设立安全风险预警机制，建立规范化的安全管理制度及管理措施。教师要增强安全意识，加强对学生的安全教育，提升学生安全防范能力，制定安全守则，落实安全措施。

安全体系主体涵括了地方教育行政部门、学校、教师和学生四个层面。地方教育行政部门和学校主要负责制定相应层面的安全保障制度，明确安全保障措施和责任。教师的责任主要是加强安全教育、提升学生安全防范能力、制定安全守则、落实安全措施。小学生是未成年人，对自身安全的保障能力较弱，因此，更多的是接受安全教育、提升安全防范能力、遵守安全守则。

安全体系建设对综合实践活动的安全保障措施做了全面的安排和指引，有力保障了综合实践活动的安全。

附录

附录一:《中小学综合实践活动课程指导纲要》

为全面贯彻党的教育方针，坚持教育与生产劳动、社会实践相结合，引导学生深入理解和践行社会主义核心价值观，充分发挥中小学综合实践活动课程在立德树人中的重要作用，特制定本纲要。

一、课程性质与基本理念

（一）课程性质

综合实践活动是从学生的真实生活和发展需要出发，从生活情境中发现问题，转化为活动主题，通过探究、服务、制作、体验等方式，培养学生综合素质的跨学科实践性课程。

综合实践活动是国家义务教育和普通高中课程方案规定的必修课程，与学科课程并列设置，是基础教育课程体系的重要组成部分。该课程由地方统筹管理和指导，具体内容以学校开发为主，自小学一年级至高中三年级全面实施。

（二）基本理念

1. 课程目标以培养学生综合素质为导向

本课程强调学生综合运用各学科知识，认识、分析和解决现实问题，提升综合素质，着力发展核心素养，特别是社会责任感、创新精神和实践能力，以适应快速变化的社会生活、职业世界和个人自主发展的需要，迎接信息时代和知识社会的挑战。

2. 课程开发面向学生的个体生活和社会生活

本课程面向学生完整的生活世界，引导学生从日常学习生活、社会生活或与大自然的接触中提出具有教育意义的活动主题，使学生获得关于自我、社会、自然的真实体验，建立学习与生活的有机联系。要避免仅从学科知识体系出发进行活动设计。

3. 课程实施注重学生主动实践和开放生成

本课程鼓励学生从自身成长需要出发，选择活动主题，主动参与并亲身经历实践过程，体验并践行价值信念。在实施过程中，随着活动的不断展开，在教师指导下，学生可根据实际需要，对活动的目标与内容、组织与方法、过程与步骤等做出动态调整，使活动不断深化。

4. 课程评价主张多元评价和综合考察

本课程要求突出评价对学生的发展价值，充分肯定学生活动方式和问题解决策略的多样性，鼓励学生自我评价与同伴间的合作交流和经验分享。提倡多采用质性评价方式，避免将评价简化为分数或等级。要将学生在综合实践活动中的各种表现和活动成果作为分析考察课程实施状况与学生发展状况的重要依据，对学生的活动过程和结果进行综合评价。

二、课程目标

（一）总目标

学生能从个体生活、社会生活及与大自然的接触中获得丰富的实践经验，形成并逐步提升对自然、社会和自我之内在联系的整体认识，具有价值体认、责任担当、问题解决、创意物化等方面的意识和能力。

（二）学段目标

1. 小学阶段具体目标

（1）价值体认：通过亲历、参与少先队活动、场馆活动和主题教育，参观爱国主义教育基地等，获得有积极意义的价值体验。理解并遵守公共空间的基本行为规范，初步形成集体思想、组织观念，培养对中国共产党的朴素感情，为自己是中国人感到自豪。

（2）责任担当：围绕日常生活开展服务活动，能处理生活中的基本事务，初步养成自理能力、自立精神、热爱生活的态度，具有积极参与学校和社区生活的意愿。

（3）问题解决：能在教师的引导下，结合学校、家庭生活中的现象，发现并提出自己感兴趣的问题。能将问题转化为研究小课题，体验课题研究的过程与方法，提出自己的想法，形成对问题的初步解释。

（4）创意物化：通过动手操作实践，初步掌握手工设计与制作的基本技能；学会运用信息技术，设计并制作有一定创意的数字作品。运用常见、简单的信息技术解决实际问题，服务于学习和生活。

2. 初中阶段具体目标

（1）价值体认：积极参加班团队活动、场馆体验、红色之旅等，亲历社会实践，加深有积极意义的价值体验。能主动分享体验和感受，与老师、同伴交流思想认识，形成国家认同，热爱中国共产党。通过职业体验活动，发展兴趣专长，形成积极的劳动观念和态度，具有初步的生涯规划意识和能力。

（2）责任担当：观察周围的生活环境，围绕家庭、学校、社区的需要开展服务活动，增强服务意识，养成独立的生活习惯；愿意参与学校服务活动，增强服务学校的行动能力；初步形成探究社区问题的意识，愿意参与社区服务，初步形成对自我、学校、社区负责任的态度和社会公德意识，初步具备法治观念。

（3）问题解决：能关注自然、社会、生活中的现象，深入思考并提出有价值的问题，将问题转化为有价值的研究课题，学会运用科学方法开展研究。能主动运用所学知识理解与解决问题，并作出基于证据的解释，形成基本符合规范的研究报告或其他形式的研究成果。

（4）创意物化：运用一定的操作技能解决生活中的问题，将一定的想法或创意付诸实践，通过设计、制作或装配等，制作和不断改进较为复杂的制品或用品，发展实践创新意识和审美意识，提高创意实现能力。通过信息技术的学习实践，提高利用信息技术进行分析和解决问题的能力以及数字化产品的设计与制作能力。

3. 高中阶段具体目标

（1）价值体认：通过自觉参加班团活动、走访模范人物、研学旅行、职业体验活动，组织社团活动，深化社会规则体验、国家认同、文化自信，初步体悟个人成长与职业世界、社会进步、国家发展和人类命运共同体的关系，增强根据自身兴趣专长进行生涯规划和职业选择的能力，强化对中国共产党的认识和感情，具有中国特色社会主义共同理想和国际视野。

（2）责任担当：关心他人、社区和社会发展，能持续地参与社区服务与社会实践活动，关注社区及社会存在的主要问题，热心参与志愿者活动和公益活动，增强社会责任意识和法治观念，形成主动服务他人、服务社会的情怀，理解并践行社会公德，提高社会服务能力。

（3）问题解决：能对个人感兴趣的领域开展广泛的实践探索，提出具有一定新意和深度的问题，综合运用知识分析问题，用科学方法开展研究，增强解决实际问题的能力。能及时对研究过程及研究结果进行审视、反思并优化调整，建构基于证据的、具有说服力的解释，形成比较规范的研究报告或其他形式的研究成果。

（4）创意物化：积极参与动手操作实践，熟练掌握多种操作技能，综合运用技能解决生活中的复杂问题。增强创意设计、动手操作、技术应用和物化能力。形成在实践操作中学习的意识，提高综合解决问题的能力。

三、课程内容与活动方式

学校和教师要根据综合实践活动课程的目标，并基于学生发展的实际需求，设计活动主题和具体内容，并选择相应的活动方式。

（一）内容选择与组织原则

综合实践活动课程的内容选择与组织应遵循如下原则：

1. 自主性

在主题开发与活动内容选择时，要重视学生自身发展需求，尊重学生的自主选择。教师要善于引导学生围绕活动主题，从特定的角度切入，选择具体的活动内容，并自定活动目标任务，提升自主规划和管理能力。同时，要善于捕捉和利用课程实施过程中生成的有价值的问题，指导学生深化活动主题，不断完善活动内容。

2. 实践性

综合实践活动课程强调学生亲身经历各项活动，在“动手做”“实验”“探究”“设计”“创作”“反思”的过程中进行“体验”“体悟”“体认”，在全身心参与的活动中，发现、分析和解决问题，体验和感受生活，发展实践创新能力。

3. 开放性

综合实践活动课程面向学生的整个生活世界，具体活动内容具有开放性。教师要基于学生已有经验和兴趣专长，打破学科界限，选择综合性活动内容，鼓励学生跨领域、跨学科学习，为学生自主活动留出余地。要引导学生把自己成长的环境作为学习场所，在与家庭、学校、社区的持续互动中，不断拓展活动时空和活动内容，使自己的个性特长、实践能力、服务精神和社会责任感不断获得发展。

4. 整合性

综合实践活动课程的内容组织，要结合学生发展的年龄特点和个性特征，以促进学生的综合素质发展为核心，均衡考虑学生与自然的关系、学生与他人和社会的关系、学生与自我的关系三个方面的内容。对活动主题的探究和体验，要体现个人、社会、自然的内在联系，强化科技、艺术、道德等方面的内在整合。

5. 连续性

综合实践活动课程的内容设计应基于学生可持续发展的要求，设计长短期相结合的主题活动，使活动内容具有递进性。要促使活动内容由简单走向复杂，使活动主题向纵深发展，不断丰富活动内容、拓展活动范围，促进学生综合素质的持续发展。要处理好学期之间、学年之间、学段之间活动内容的有机衔接与联系，构建科学合理的活动主题序列。

（二）活动方式

综合实践活动的主要方式及其关键要素为：

1. 考察探究

考察探究是学生基于自身兴趣，在教师的指导下，从自然、社会和学生自身生活中选择和确定研究主题，开展研究性学习，在观察、记录和思考中，主动获取知识，分析并解决问题的过程，如野外考察、社会调查、研学旅行等，它注重运用实地观察、访谈、实验等方法，获取材料，形成理性思维、批判质疑和勇于探究的精神。考察探究的关键要素包括：发现并提出问题；提出假设，选择方法，研制工具；获取证据；提出解释或观念；交流、评价探究成果；反思和改进。

2. 社会服务

社会服务指学生在教师的指导下，走出教室，参与社会活动，以自己的劳动满足社会组织或他人的需要，如公益活动、志愿服务、勤工俭学等，它强调学生在满足被服务者需要的过程中，获得自身发展，促进相关知识技能的学习，提升实践能力，成为履职尽责、敢于担当的人。社会服务的关键要素包括：明确服务对象与需要；制订服务活动计划；开展服务行动；反思服务经历，分享活动经验。

3. 设计制作

设计制作指学生运用各种工具、工艺（包括信息技术）进行设计，并动手操作，将自己的创意、方案付诸现实，转化为物品或作品的过程，如动漫制作、编程、陶艺创作等，它注重提高学生的技术意识、工程思维、动手操作能力等。在活动过程中，鼓励学生手脑并用，灵活掌握、融会贯通各类知识和技巧，提高学生的技术操作水平、知识迁移水平，体验工匠精神等。设计制作的关键要素包括：创意设计；选择活动材料或工具；动手制作；交流展示物品或作品，反思与改进。

4. 职业体验

职业体验指学生在实际工作岗位上或模拟情境中见习、实习，体认职业角色的过程，如军训、学工、学农等，它注重让学生获得对职业生活的真切理解，发现自己的专长，培养职业兴趣，形成正确的劳动观念和人生志向，提升生涯规划能力。职业体验的关键要素包括：选择或设计职业情境；实际岗位演练；总结、反思和交流经历过程；概括提炼经验，行动应用。

综合实践活动除了以上活动方式外，还有党团队教育活动、博物馆参观等。综合实践活动方式的划分是相对的。在活动设计时可以有所侧重，以某种方式为主，兼顾其他方式；也可以整合方式实施，使不同活动要素彼此渗透、融会贯通。要充分发挥信息技术对各类活动的支持作用，有效促进问题解决、交流协作、成果展示与分享等。

四、学校对综合实践活动课程的规划与实施

（一）课程规划

中小学校是综合实践活动课程规划的主体，应在地方指导下，对综合实践活动课程进行整体设计，将办学理念、办学特色、培养目标、教育内容等融入其中。要依据学生发展状况、学校特色、可利用的社区资源（如各级各类青少年校外活动场所、综合实践基地和研学旅行基地等）对综合实践活动课程进行统筹考虑，形成综合实践活动课程总体实施方案；还要基于学生的年段特征、阶段性发展要求，制订具体的“学校学年（或学期）活动计划与实施方案”，对学年、学期活动作出规划。要使总体实施方案和学年（或学期）活动计划相互配套、衔接，形成促进学生持续发展的课程实施方案。

学校在课程规划时要注意处理好以下关系：

1. 综合实践活动课程的预设与生成

学校要统筹安排各年级、各班级学生的综合实践活动课时、主题、指导教师、场地设施等，加强与校外活动场所的沟通协调，为每一个学生参与活动创造必要条件，提供发展机遇，但不得以单一、僵化、固定的模式去约束所有班级、社团的具体活动过程，剥夺学生自主选择的空间。要允许和鼓励师生从生活中选择有价值的活动主题，选择适当的活动方式创造性地开展活动。要关注学生活动的生成性目标与生成性主题并引导其发展，为学生创造性的发展开辟广阔空间。

2. 综合实践活动课程与学科课程

在设计与实施综合实践活动课程中，要引导学生主动运用各门学科知识分析解决实际问题，使学科知识在综合实践活动中得到延伸、综合、重组与提升。学生在综合实践活动中所发现的问题要在相关学科教学中分析解决，所获得的知识要在相关学科教学中拓展加深。防止用学科实践活动取代综合实践活动。

3. 综合实践活动课程与专题教育

可将有关专题教育，如优秀传统文化教育、革命传统教育、国家安全教育、心理健康教育、环境教育、法治教育、知识产权教育等，转化为学生感兴趣的综合实践活动主题，让学生通过亲历感悟、实践体验、行动反思等方式实现专题教育的目标，防止将专题教育简单等同于综合实践活动课程。要在国家宪法日、国家安全教育日、全民国防教育日等重要时间节点，组织学生开展相关主题教育。

（二）课程实施

作为综合实践活动课程实施的主体，学校要明确实施机构及人员、组织方式等，

加强过程指导和管理，确保课程实施到位。

1. 课时安排

小学 1~2 年级，平均每周不少于 1 课时；小学 3~6 年级和初中，平均每周不少于 2 课时；高中执行课程方案相关要求，完成规定学分。各学校要切实保证综合实践活动时间，在开足规定课时总数的前提下，根据具体活动需要，把课时的集中使用与分散使用有机结合起来。要根据学生活动主题的特点和需要，灵活安排、有效使用综合实践活动时间。学校要给予学生广阔的探究时空环境，保证学生活动的连续性和长期性。要处理好课内与课外的关系，合理安排时间并拓展学生的活动空间与学习场域。

2. 实施机构与人员

学校要成立综合实践活动课程领导小组，结合实际情况设置专门的综合实践活动课程中心或教研组，或由教科室、教务处、学生处等职能部门，承担起学校课程实施规划、组织、协调与管理等方面的责任，负责制订并落实学校综合实践活动课程实施方案，整合校内外教育资源，统筹协调校内外相关部门的关系，联合各方面的力量，特别是加强与校外活动场所的沟通协调，保证综合实践活动课程的有效实施。要充分发挥少先队、共青团以及学生社团组织的作用。

要建立专兼职相结合、相对稳定的指导教师队伍。学校教职工要全员参与，分工合作。原则上每所学校至少配备 1 名专任教师，主要负责指导学生开展综合实践活动，组织其他学科教师开展校本教研活动。各学科教师要发挥专业优势，主动承担指导任务。积极争取家长、校外活动场所指导教师、社区人才资源等有关社会力量成为综合实践活动课程的兼职指导教师，协同指导学生综合实践活动的开展。

3. 组织方式

综合实践活动以小组合作方式为主，也可以个人单独进行。小组合作范围可以从班级内部，逐步走向跨班级、跨年级、跨学校和跨区域等。要根据实际情况灵活运用各种组织方式。要引导学生根据兴趣、能力、特长、活动需要，明确分工，做到人尽其责，合理高效。既要让学生有独立思考的时间和空间，又要充分发挥合作学习的优势，重视培养学生的自主参与意识与合作沟通能力。鼓励学生利用信息技术手段突破时空界限，进行广泛的交流与密切合作。

4. 教师指导

在综合实践活动实施过程中，要处理好学生自主实践与教师有效指导的关系。教师既不能"教"综合实践活动，也不能推卸指导的责任，而应当成为学生活动的组织者、参与者和促进者。教师的指导应贯穿于综合实践活动实施的全过程。

在活动准备阶段，教师要充分结合学生经验，为学生提供活动主题选择以及提出问题的机会，引导学生构思选题，鼓励学生提出感兴趣的问题，并及时捕捉活动中学生动态生成的问题，组织学生就问题展开讨论，确立活动目标内容。要让学生积极参与活动方案的制定过程，通过合理的时间安排、责任分工、实施方法和路径选择，对活动可利用的资源及活动的可行性进行评估等，增强活动的计划性，提高学生的活动规划能力。同时，引导学生对活动方案进行组内及组间讨论，吸纳合理化建议，不断优化完善方案。

在活动实施阶段，教师要创设真实的情境，为学生提供亲身经历与现场体验的机会，让学生经历多样化的活动方式，促进学生积极参与活动过程，在现场考察、设计制作、实验探究、社会服务等活动中发现和解决问题，体验和感受学习与生活之间的联系。要加强对学生活动方式与方法的指导，帮助学生找到适合自己的学习方式和实践方式。教师指导重在激励、启迪、点拨、引导，不能对学生的活动过程包办代替。还要指导学生做好活动过程的记录和活动资料的整理。

在活动总结阶段，教师要指导学生选择合适的结果呈现方式，鼓励多种形式的结果呈现与交流，如绘画、摄影、戏剧与表演等，对活动过程和活动结果进行系统梳理和总结，促进学生自我反思与表达、同伴交流与对话。要指导学生学会通过撰写活动报告、反思日志、心得笔记等方式，反思成败得失，提升个体经验，促进知识建构，并根据同伴及教师提出的反馈意见和建议查漏补缺，明确进一步的探究方向，深化主题探究和体验。

5. 活动评价

综合实践活动情况是学生综合素质评价的重要内容。各学校和教师要以促进学生综合素质持续发展为目的设计与实施综合实践活动评价。要坚持评价的方向性、指导性、客观性、公正性等原则。

突出发展导向。坚持学生成长导向，通过对学生成长过程的观察、记录、分析，促进学校及教师把握学生的成长规律，了解学生的个性与特长，不断激发学生的潜能，为更好地促进学生成长提供依据。评价的首要功能是让学生及时获得关于学习过程的反馈，改进后续活动。要避免评价过程中只重结果、不重过程的现象。要对学生作品进行深入分析和研究，挖掘其背后蕴藏的学生的思想、创意和体验，杜绝对学生的作品随意打分和简单排名等功利主义做法。

做好写实记录。教师要指导学生客观记录参与活动的具体情况，包括活动主题、持续时间、所承担的角色、任务分工及完成情况等，及时填写活动记录单，并收集相关事实材料，如活动现场照片、作品、研究报告、实践单位证明等。活动记录、事实材料要真实、有据可查，为综合实践活动评价提供必要基础。

建立档案袋。在活动过程中，教师要指导学生分类整理、遴选具有代表性的重要活动记录、典型事实材料以及其他有关资料，编排、汇总、归档，形成每一个学生的综合实践活动档案袋，并纳入学生综合素质档案。档案袋是学生自我评价、同伴互评、教师评价学生的重要依据，也是招生录取中综合评价的重要参考。

开展科学评价。原则上每学期末，教师要依据课程目标和档案袋，结合平时对学生活动情况的观察，对学生综合素质发展水平进行科学分析，写出有关综合实践活动情况的评语，引导学生扬长避短，明确努力方向。高中学校要结合实际情况，研究制定学生综合实践活动评价标准和学分认定办法，对学生综合实践活动课程学分进行认定。

五、课程管理与保障

（一）教师培训与教研指导

地方教育行政部门和学校要加强调研，了解综合实践活动指导教师专业发展的需求，搭建多样化的交流平台，强化培训和教研，推动教师的持续发展。

1. 建立指导教师培训制度

要开展对综合实践活动课程专兼职教师的全员培训，明确培训目标，努力提升教师的跨学科知识整合能力，观察、研究学生的能力，指导学生规划、设计与实施活动的能力，课程资源的开发和利用能力等。要根据教师的实际需求，开发相应的培训课程，组织教师按照课程要求进行系统学习。要不断探索和改进培训方式方法，倡导参与式培训、案例培训和项目研究等，不断激发教师内在的学习动力。

2. 建立健全日常教研制度

各学校要通过专业引领、同伴互助、合作研究，积极开展以校为本的教研活动，及时分析、解决课程实施中遇到的问题，提高课程实施的有效性。各级教研机构要配备综合实践活动专职教研员，加强对校本教研的指导，并组织开展专题教研、区域教研、网络教研等，通过协同创新、校际联动、区域推进，提高中小学综合实践活动整体实施水平。

（二）支持体系建设与保障

1. 网络资源开发

地方教育行政部门、教研机构和学校要开发优质网络资源，遴选相关影视作品等充实资源内容，为课程实施提供资源保障。要充分发挥师生在课程资源开发中的主体性与创造性，及时总结、梳理来自教学一线的典型案例和鲜活经验，动态生成分年级、分专题的综合实践活动课程资源包。各地要探索和建立优质资源的共享与利用机制，打造省、市、县、校多级联动的共建共享平台，为课程实施提供高质量、常态化的资源支撑。

2. 硬件配套与利用

学校要为综合实践活动的实施提供配套硬件资源与耗材，并积极争取校外活动场所支持，建立课程资源的协调与共享机制，充分发挥实验室、专用教室及各类教学设施在综合实践活动课程实施过程中的作用，提高使用效益，避免资源闲置与浪费。有条件的学校可以建设专用活动室或实践基地，如创客空间等。

地方教育行政部门要加强实践基地建设，强化资源统筹管理，建立健全校内外综合实践活动课程资源的利用与相互转换机制，强化公共资源间的相互联系和硬件资源的共享，为学校利用校外图书馆、博物馆、展览馆、科技馆、实践基地等各种社会资源及丰富的自然资源提供政策支持。

3. 经费保障

地方和学校要确保开展综合实践活动所需经费，支持综合实践活动课程资源和实践基地建设、专题研究等。

4. 安全保障

地方教育行政部门要与有关部门统筹协调，建立安全管控机制，分级落实安全责任。学校要建立安全风险预警机制，建立规范化的安全管理制度及管理措施。教师要增强安全意识，加强对学生的安全教育，提升学生安全防范能力，制定安全守则，落实安全措施。

（三）考核与激励机制

1. 建立健全指导教师考核激励机制

各地和学校明确综合实践活动课程教师考核要求和办法，科学合理地计算教师工作量，将指导学生综合实践活动的工作业绩作为教师职称晋升和岗位聘任的重要依据，对取得显著成效的指导教师给予表彰奖励。

2. 加强对课程实施情况的督查

将综合实践活动课程实施情况，包括课程开设情况及实施效果，纳入中小学课程实施监测，建立关于中小学综合实践活动课程的反馈改进机制。地方教育行政部门和教育督导部门要将综合实践活动实施情况作为检查督导的重要内容。

3. 开展优秀成果交流评选

依托有关专业组织、教科研机构、基础教育课程中心等，开展中小学生综合实践活动课程展示交流活动，激发广大中小学生实践创新的潜能和动力。将中小学综合实践活动课程探索成果纳入基础教育教学成果评选范围，对优秀成果予以奖励，发挥优秀成果的示范引领作用，激励广大中小学教师和专职研究人员持续性从事中小学综合实践活动课程研究和实践探索。

附件：

1. 中小学综合实践活动推荐主题汇总
2. 考察探究活动推荐主题及其说明
3. 社会服务活动推荐主题及其说明
4. 设计制作活动（信息技术）推荐主题及其说明
5. 设计制作活动（劳动技术）推荐主题及其说明
6. 职业体验及其他活动推荐主题及其说明

附件 1

中小学综合实践活动推荐主题汇总

学段	考察探究活动	社会服务活动	设计制作活动		职业体验及其他活动	数量
			信息技术	劳动技术		
1~2年级	1.神奇的影子 2.寻找生活中的标志 3.学习习惯调查 4.我与蔬菜交朋友	1.生活自理我能行 2.争当集体劳动小能手		1.我有一双小巧手——手工纸艺、陶艺 2.我有一双小巧手——制作不倒翁、降落伞、陀螺等	1.队前准备 2.入队仪式 3.少代会 4.红领巾心向党	12
3~6年级	1.节约调查与行动 2.跟着节气去探究 3.我也能发明 4.关爱身边的动植物 5.生活垃圾的研究 6.我们的传统节日 7.我是“非遗”小传人 8.生活中的小窍门 9.零食(或饮料)与健康 10.我看家乡新变化 11.我是校园小主人 12.合理安排课余生活 13.家乡特产的调查与推介 14.学校和社会中遵守规则情况调查 15.带着问题去春游(秋游)	1.家务劳动我能行 2.我是校园志愿者 3.学习身边的小雷锋 4.红领巾爱心义卖行动 5.社区公益服务我参与 6.我做环保宣传员 7.我是尊老敬老好少年	1.我是信息社会的“原住民” 2.“打字小能手”挑战赛 3.我是电脑小画家 4.网络信息辨真伪 5.电脑文件的有效管理 6.演示文稿展成果 7.信息交流与安全 8.我的电子报刊 9.镜头下的美丽世界 10.数字声音与生活 11.三维趣味设计 12.趣味编程入门 13.程序世界中的多彩花园 14.简易互动媒体作品设计 15.手工制作与数字加工	1.学做简单的家常餐 2.巧手工艺坊 3.魅力陶艺世界 4.创意木艺坊 5.安全使用与维护家用电器 6.奇妙的绳结 7.生活中的工具 8.设计制作建筑模型 9.创意设计与制作(玩具、小车、书包、垃圾箱等)	1.今天我当家 2.校园文化活动我参与 3.走进博物馆、纪念馆、名人故居、农业基地 4.我是小小养殖员 5.创建我们自己的“银行”(如阅读、道德、环保) 6.找个岗位去体验 7.走进爱国主义教育基地、国防教育场所 8.过我们 10 岁的生日 9.红领巾相约中国梦 10.来之不易的粮食 11.走进立法、司法机关 12.我喜爱的植物栽培技术	58

表（续）

学段	考察探究活动	社会服务活动	设计制作活动		职业体验及其他活动	数量
			信息技术	劳动技术		
7~9年级	1.身边环境污染问题研究 2.秸秆和落叶的有效处理 3.家乡生物资源调查及多样性保护 4.社区（村镇）安全问题及防范 5.家乡的传统文化研究 6.当地老年人生活状况调查 7.种植、养殖什么收益高 8.中学生体质健康状况调查 9.中学生使用电子设备的现状调查 10.寻访家乡能人（名人） 11.带着课题去旅行	1.走进敬老院、福利院 2.我为社区做贡献 3.做个养绿护绿小能手 4.农事季节我帮忙 5.参与禁毒宣传活动 6.交通秩序我维护	1.组装我的计算机 2.组建家庭局域网 3.数据的分析与处理 4.我是平面设计师 5.二维三维的任意变换 6.制作我的动画片 7.走进程序世界 8.用计算机做科学实验 9.体验物联网 10.开源机器人初体验	1.探究营养与烹饪 2.多彩布艺世界 3.我是服装设计师——纸模服装设计与制作 4.创作神奇的金属材料作品 5.设计制作个性化电子作品 6.智能大脑——走进单片机的世界 7.模型类项目的设计与制作 8.摄影技术与电子相册制作 9. 3D 设计与打印技术的初步应用 10.现代简单金木电工具和设备的认识与使用 11.基于激光切割与雕刻的创意设计 12.立体纸艺的设计与制作 13."创客"空间 14.生活中的仿生设计 15.生活中工具的变化与创新	1.举行大队建队仪式 2.策划校园文化活动 3.举办我们的 315 晚会 4.民族节日联欢会 5.中西方餐饮文化对比 6.少年团校 7.举行建团仪式（14 岁生日） 8.职业调查与体验 9.毕业年级感恩活动 10.制定我们的班规班约 11.军事技能演练 12."信息社会责任"大辩论 13.走近现代农业技术	55

表（续）

学段	考察探究活动	社会服务活动	设计制作活动		职业体验及其他活动	数量
			信息技术	劳动技术		
10～12年级	1.清洁能源发展现状调查及推广 2.家乡生态环境考察及生态旅游设计 3.食品安全状况调查 4.家乡交通问题研究 5.关注知识产权保护 6.农业机械的发展变化与改进 7.家乡土地污染状况及防治 8.高中生考试焦虑问题研究 9.社区管理问题调查及改进 10.中学生网络交友的利与弊 11.研学旅行方案设计与实施 12.考察当地公共设施	1.赛会服务我参与 2.扶助身边的弱势群体 3.做个环保志愿者 4.做农业科技宣传员 5.参与公共文化服务 6.做普法志愿者			1.制订自然灾害应急预案及演练 2.关注中国领土争端 3.高中生生涯规划 4.走进社会实践基地 5.走进军营 6.创办学生公司 7. 18 岁成人仪式 8.业余党校 9.我的毕业典礼我设计	27
合计	42	21	25+26		38	152

附录说明：

1. 为了更好地理解和落实《指导纲要》提出的基本活动方式，表中所推荐的活动主题分别是以某一种活动方式为主来呈现的。这些活动方式不是孤立的，一个主题活动往往包含多种活动方式，在主题实施过程中需要学生经历不同的活动方式，才能使活动更加深入和完善。

2. 表中所推荐的活动主题只是样例，其主要依据是：立足学生综合素质培养的需要，体现综合实践活动的特征；贴近学生的生活实际和年龄特征，反映时代发展和科技进步的内容，同时兼顾城乡差异；落实班团队活动和相关专题教育的要求。

3. 表中列出的主题均有一定弹性，难度可深可浅，时间可长可短。有些主题在不同学段都可以实施，这里只呈现在某一学段，学校可根据实际情况灵活选择和安排。

4. 表中所推荐的活动主题不作硬性规定，仅供学校选择参考。学校可结合实际开发更贴近当地学生生活、富有特色的活动。

附件 2

考察探究活动推荐主题及其说明

学段	活动主题	简要说明
1~2年级	1. 神奇的影子	体验踩影子游戏、手影游戏的乐趣，了解影子在生活中的应用；创作、交流简单的手影游戏、故事、舞蹈，初步体验科学探究的乐趣
	2. 寻找生活中的标志	通过访问、观察、实地考察收集生活中的各种标志，如安全标志、交通标志、社会团体类标志、汽车标志等，理解其含义。提高收集、整理、分析和利用信息的能力，初步树立规则意识
	3. 学习习惯调查	了解和观察本班（年级）同学在读写姿势、文具的使用、阅读与写字等方面的习惯，讨论、总结不良学习习惯的表现、危害，研究和分析养成良好学习习惯的方法；开展主题班队会，增强对学习习惯重要性的了解和重视。持续开展学习习惯宣传与纠错活动，相互帮助，自觉养成良好学习和行为习惯
	4. 我与蔬菜交朋友	通过访问、交流了解同学们对吃蔬菜的态度；到菜市场或菜田考察蔬菜的形状、种类，了解蔬菜的营养对学生成长的重要性；选择种植一种芽苗菜，体会种植的快乐与辛苦，增进对蔬菜的情感
3~6年级	1. 节约调查与行动	通过访问、调查、实地考察等多种方式，了解家庭（或学校、社区某些场所）的水（或电、粮食等资源、一次性生活用品等）的浪费情况，设计有针对性的节约方案；开展节约（合理用电、光盘行动、减少一次性用品使用）倡议与行动，并记录、分析效果，提高实践能力，增强节约资源意识
	2. 跟着节气去探究	结合二十四节气，观察身边的植物、动物、天气等物候变化；长期坚持，认真做好记录，并尝试编制当地的自然日历，理解农业生产与物候变化的关系。关注自然现象，探索自然变化，初步树立严谨求实、一丝不苟的科学态度
	3. 我也能发明	观察、分析、讨论日常生活中各种用品、物件使用过程中的问题；学习和运用发明创造的多种方法，针对发明创造对象进行功能改进或重新设计，并在实际生活中加以应用和检验，提高动手能力，培养创新精神
	4. 关爱身边的动植物	观察身边常见的动植物，如校园植物、家庭（社区）宠物、大自然中的各种昆虫、农田中的动植物等；选择其中一种或多种进行小实验、分析与研究，了解其自然特征（习性）并自觉加以保护，增强关注自然、热爱自然的情感，提高科学探索能力
	5. 生活垃圾的研究	收集资料、了解国内外垃圾分类和处理的有关内容，调查、了解身边各种生活垃圾的处理方法；分析针对现状问题可采取的措施，设计家庭（学校、社区）垃圾箱和垃圾有效分类回收的方案，增强环境保护意识
	6. 我们的传统节日	结合时令，选择端午节、中秋节、重阳节、春节等一个或几个传统节日，利用收集资料、访问、实地考察等方法，了解节日的来历、习俗、故事等；参与体验该节日的1~2种习俗，并进行交流分享，增强对传统文化的探究意识和认同感
	7. 我是“非遗”小传人	了解非物质文化遗产的种类、特点、保护现状（如“二十四节气”等），访问本地非物质文化遗产传承人；讨论传承和保护非物质文化的方法、措施和建议，开展非物质文化遗产的传承活动。理解、认同家乡传统文化，并乐于传承

表（续）

学段	活动主题	简要说明
3~6年级	8. 生活中的小窍门	通过资料收集、调查、实地考察等方式了解各种生活小窍门，通过动手实验加以验证，设计宣传方案。丰富生活经验，锻炼动手实践能力
	9. 零食（或饮料）与健康	调查、交流同学们吃（喝）零食（饮料）的现状；通过查阅资料、访谈了解其对健康的影响，了解科学选择零食（饮料）的方法；动手制作1~2种健康零食（饮料），并召开班级展示分享会，增强健康的饮食意识
	10. 我看家乡新变化	通过调查、访问、参观等多种方式，了解和感受家乡在经济、文化、建筑、交通、生活方式等方面的变化与发展，用摄影、绘画、手抄报、作文、故事等多种形式，展示家乡新变化。增进知家乡、爱家乡的情感，增进建设家乡和祖国的责任感、使命感
	11. 我是校园小主人	通过观察、访问、实地考察等方式，了解和分析校园的自然环境、规划布局、设施设备、文化景观、文化活动以及安全保障等方面的状况，提出校园建设和发展建议，增进知学校、爱学校的责任感
	12. 合理安排课余生活	通过调查和了解同学们在学校课间、家庭、假期等时间的生活安排情况（如学习培训、健身、业余爱好等）；分析合理安排课余生活的方法与要求，制订合理利用课余生活的计划，开展有意义的课余活动，体验并记录活动感受，养成健康生活习惯，增强自我管理意识
	13. 家乡特产的调查与推介	通过资料收集、访问、实地考察等多种方式，了解和调查家乡的特产；设计与策划推介方案，增进热爱家乡、关心家乡、建设家乡的感情
	14. 学校和社会中遵守规则情况调查	收集信息了解学校和社会中的各种规则，如校规校纪、交通规则、公共文明行为准则等，增强遵规守纪意识；观察同学和社会公民在遵守规则方面的实际表现；通过访谈或问卷调查了解人们遵守规则的情况；针对观察、调查中发现的实际问题，提出增强人们规则意识的建议
	15. 带着问题去春游（秋游）	在春游（秋游）外出考察前，利用网络、书籍等多种途径，了解所去场所的基本情况、资源内容与特点，能够提出研究问题，设计考察方案；通过任务驱动的方式，有效地开展实践活动，获得研究结论。培养项目设计的意识和能力，积极参与校园生活，增强团队合作意识
7~9年级	1. 身边环境污染问题研究	通过调查了解身边水污染、空气污染、噪声污染、土壤污染、固体废弃物污染等任一环境污染的来源、现状及对身体健康的影响，提出合理的防治污染措施，减少环境污染，培养环境保护的意识
	2. 秸秆和落叶的有效处理	调查当地秸秆和落叶处理过程中存在的问题，分析焚烧秸秆和落叶的危害；走访能够有效处理秸秆或落叶的机构，了解处理秸秆和落叶的常用方法；开展实验，探索更加有效地处理秸秆和落叶的方法或措施，提高科学探索能力和社会责任感
	3. 家乡生物资源调查及多样性保护	收集资料，了解家乡主要动植物资源，实地考察这些动植物资源的生长、开发与利用的情况；针对在考察中发现的问题，提出保护当地生物多样性、合理开发利用生物资源的建议，增强关注自然、保护自然的意识，增进知家乡、爱家乡的情感

表(续)

学段	活动主题	简要说明
7~9年级	4. 社区（村镇）安全问题及防范	实地考察社区（村镇）设施设备、人与车辆分流管理等方面的安全状况，寻找安全隐患；与管理部门沟通，提出防火、防盗等安全防范建议，并在社区中进行相关宣传，增强安全意识，提高社会责任感
	5. 家乡的传统文化研究	收集家乡历史文化典故，考察著名历史建筑，制作传统美食；了解当地服装服饰文化和传统庆典节日文化等方面的传统文化。理解和尊重家乡的传统文化，积极参与探究学习，对传承传统文化具有历史责任感
	6. 当地老年人生活状况调查	考察当地社会养老机构，如敬老院、老年公寓等；分别调查选择社会养老和居家养老的老年人生活状况，并对两类养老方式进行对比分析；主动为身边的老年人服务。弘扬尊老敬老的美德，加强关心老年人、积极为老年人服务的意识
	7. 种植、养殖什么收益高	对当地自然、地理条件进行分析，了解适合的种植和养殖项目；从市场、技术、经济、工程等角度，对项目进行调查研究和分析比较，并对项目可能取得的经济效益及社会环境影响进行预测，为家庭选择合适的种植养殖项目提供参考，增强社会参与和责任意识，提高运用知识解决实际问题的能力
	8. 中学生体质健康状况调查	收集有关视力、身体形态、身体机能、身体素质等方面的资料；统计分析体质健康状况及运动、生活习惯的数据；访问医务人员和体育教师等专业人员；提出改善体质健康的方案并长期坚持，检验效果。关注自身体质健康，养成健康合理的生活习惯
	9. 中学生使用电子设备的现状调查	调查了解中学生使用手机、平板电脑、笔记本电脑等电子设备的主要目的；了解电子设备与数字生活的关系，知道过度使用电子设备对身心健康的影响；积极采取措施避免过度使用电子设备。培养较高的信息意识，提高数字化生存能力，主动适应“互联网+”等社会信息化趋势
	10. 寻访家乡能人（名人）	收集相关材料，进行人物专访，了解家乡某个领域能人（名人）的经历与成功故事，分析其成功的原因及对家乡的影响，进行宣传。增强热爱家乡的情感，积极为家乡作贡献
	11. 带着课题去旅行	围绕寻访红色足迹、中华文化寻根、自然生态考察等主题，收集研学旅行目的地的资料，寻找自己感兴趣的问题作为研究课题；带着课题参加研学旅行，通过实地考察和调查，完成课题研究和旅行活动。在活动中激发爱国热情，培育民族精神，增强保护自然的意识
10~12年级	1. 清洁能源发展现状调查及推广	收集信息了解清洁能源的特点，考察当地风能、太阳能等清洁能源设施或生产企业；设计在学校或社区中使用清洁能源的方案；调查新能源汽车发展前景和推广使用中存在的问题，在社区中宣传推广清洁能源。关注清洁能源的发展，主动选择清洁能源和相关产品，减少环境污染
	2. 家乡生态环境考察及生态旅游设计	设计方案实地考察家乡的湿地、森林、草原等自然生态环境；对当地生物多样性及保护情况进行研究，采访当地居民了解自然生态环境变化，提出保护建议；结合当地独特的自然生态条件，设计开展生态旅游的方案，在一些景点进行生态旅游的导览和讲解服务，增强热爱家乡、保护家乡自然生态环境的意识

表(续)

学段	活动主题	简要说明
10~12年级	3. 食品安全状况调查	收集有关食品安全的信息，分析典型食品安全事故；考察当地食品制造企业或走访食品监督部门，调查当地食品安全状况和人们的食品安全意识；提出确保食品安全的方案，尝试用简单的实验方法对常见食品进行检测，编制食品安全手册，在社区中作食品安全科普宣传。增强食品安全意识，学会选购健康、安全的食品
	4. 家乡交通问题研究	收集资料，走访当地交通管理部门，了解交通拥堵的原因和减少拥堵的措施；到本地区比较拥堵的路口进行实地考察，记录不同时段交通拥堵的状况，对解决本地区交通拥堵问题提出建议；在学校周边作交通疏导，维护交通秩序。关注家乡交通问题，为缓解家乡交通拥堵作出自己的贡献，提高社会责任感
	5. 关注知识产权保护	访问当地知识产权部门，了解知识产权的相关知识；对身边公众的知识产权意识和行为进行调查，提出增强公众知识产权意识的建议；在参与各种创新活动中，尊重他人知识产权，并维护自主知识产权，增强尊重知识产权的意识，提高依法维权的能力
	6. 农业机械的发展变化与改进	收集资料，实地考察，了解从传统农具到现代化农业机械设备的发展变化过程；分析比较各种农业机械的使用效果及成本，对农业机械的合理、充分使用提出改进建议。感受科学技术对农业发展的重大影响，激发创新意识
	7. 家乡土地污染状况及防治	收集资料、调查、实地考察、实验、走访相关部门，了解家乡土地污染状况及主要危害；分析造成土地污染的主要原因；提出防治家乡土地污染的合理措施及建议，为家乡环境保护做出自己的贡献，增强环境保护意识及社会责任意识
	8. 高中生考试焦虑问题研究	收集与考试焦虑相关的信息资料；通过问卷调查了解高中生考试焦虑状况；与心理医生或心理教师面谈，进行考试焦虑心理测试；采取措施，减轻自身考试焦虑，策划实施团队心理减压活动。学会调控考试带来的心理压力，促进身心健康发展
	9. 社区管理问题调查及改进	考察当前社区，分析社区在停车、清洁、安全、养宠物等方面存在的管理问题；调查居民对社区管理的看法，考察周边管理比较好的社区；走访小区管理处，提出改进意见，主动参与社区管理，维护社区环境，增强社会责任意识和积极为他人服务的意识
	10. 中学生网络交友的利与弊	通过资料收集、案例分析、访谈、调查等多种途径，了解中学生网络交友的相关信息；对网络交友的利与弊进行全面分析或展开辩论。增强信息安全意识，主动适应社会信息化趋势
	11. 研学旅行方案设计与实施	收集研学旅行目的地信息，设计研学旅行路线及行程，设计研学旅行参观考察内容，确定自己的研究课题；设计研学旅行成果的展现形式，在研学旅行活动后对设计方案进行反思和评估，提高规划、设计与实施的能力
	12. 考察当地公共设施	选择身边文化娱乐设施、无障碍设施、公共交通设施等进行考察；调查了解公共设施的状况及公众的满意程度，与管理人员沟通，提出改进建议；利用节假日引导公众更好地使用公共设施等活动，增强公共安全意识和社会责任意识

附件 3

社会服务活动推荐主题及其说明

学段	活动主题	简要说明
1~2年级	1. 生活自理我能行	清洁个人生活用品：会洗袜子、红领巾，会刷鞋，清洗水杯、脸盆等；学习用品分类整理：按学习需要准备学习用品，归类收纳学习用品，及时整理书包；清洁居室卫生：用完的物品放回原处，扫地，垃圾分类入箱，整理床铺，衣服分类摆放等。从力所能及的自我服务劳动做起，学会料理自己的生活，养成自己的事情自己做的好习惯
	2. 争当集体劳动小能手	集体服务劳动包括班级劳动、校园劳动、家务劳动、公益活动、社区服务等。例如：搞好（班级）公共卫生，整理红领巾队伍阵地，会扫地、拖地、擦黑板、摆放桌椅等；帮助老师、家长等做力所能及的事；给校园花草树木浇水等。养成自己的事自己做、他人的事帮着做、公益（集体）的事争着做的劳动习惯和优良品质
3~6年级	1. 家务劳动我能行	帮助家长做力所能及的家务劳动（择菜、洗菜、洗水果、整理饭桌、洗碗筷等），学会简单的手工缝纫技术，学会一般衣物的洗涤（包括机洗）、晾晒和折叠方法；知道家庭安全用电、用火、用煤气等的方法，初步学会家庭触电、火灾的预防、急救与逃生。养成良好的劳动习惯，端正劳动态度，提高家庭责任感
	2. 我是校园志愿者	通过考察、访问了解校园志愿服务需求，了解不同岗位的职责和要求；学习开展服务的方法，了解相关注意事项；开展持续、有效、多样的校园志愿服务活动。利用班级、少先队活动等多种形式进行校园志愿活动的展示交流。积极参与校园志愿活动，具有团队合作意识，热心志愿服务活动
	3. 学习身边的小雷锋	寻访身边的小雷锋，总结分析他们的事迹；根据自身情况，设计自己（小组）的学雷锋行动计划，并开展实际行动，初步树立热心公益劳动、乐于助人的道德品质
	4. 红领巾爱心义卖行动	收集闲置的书籍、学习用品、玩具、手工艺品等物品；策划与组织爱心义卖活动，并在教师建议下合理使用义卖收入；提高爱心助人、团结合作的思想和意识，增强活动策划与设计能力，初步树立“循环经济”“绿色生活”的环保意识
	5. 社区公益服务我参与	在社区或村委会参与如卫生打扫、环境维护、小广告清理等各种力所能及的便民利民性质的社区公益劳动；在班级交流分享参与过程与感悟体验，增强服务他人、社会的意识
	6. 我做环保宣传员	调查和发现身边存在的环境问题，分析可以采取的措施和解决办法，开展环境保护宣传活动，体验绿色生活方式，树立保护环境、节约资源的观念和生态意识
	7. 我是尊老敬老好少年	积极主动与身边的老年人沟通和交流，了解老年人的实际生活困难和需求；为身边的老年人做一些力所能及的事，并长期坚持。初步树立尊老敬老、主动为老年人提供服务的意识，增强社会责任感

表(续)

学段	活动主题	简要说明
7~9年级	1. 走进敬老院、福利院	走进学校周边的敬老院、福利院、医院及社会救助机构，利用自己掌握的知识和技能，开展力所能及的志愿服务活动并长期坚持。培养关心他人、热心公益、积极为需要帮助的人提供帮助和服务的意识，增强社会责任感
	2. 我为社区作贡献	针对社区管理和社区居民的实际需求，利用自己的知识和技能为社区提供力所能及的服务，例如生活援助、公共卫生、困难帮扶、敬老爱老、亲情陪伴、科普宣传等，增强社会责任意识和热心公益、志愿服务的意识
	3. 做个养绿护绿小能手	积极参与对社区、学校、村庄、街道等处的绿地的养护和保护，如清除杂草、拣拾垃圾，劝阻他人破坏绿地的行为等，参与各种义务植树种草和认养绿地等活动，增强劳动意识和社会责任感
	4. 农事季节我帮忙	在农村播种、收割等农忙季节主动参与各种农事活动；体验生产劳动的艰辛与快乐，掌握一定劳动技能。热爱劳动，勤于动手，积极主动参与劳动
	5. 参与禁毒宣传活动	收集文献、访谈专家、观看展览，获得有关毒品预防的知识；承诺自己能够拒绝毒品；制作宣传手册，在社区中进行“远离毒品，珍爱生命”的宣传活动，树立珍惜生命、远离毒品的意识和社会责任意识
	6. 交通秩序我维护	实地考察了解学校或家庭周边交通拥堵的原因；在容易出现交通拥堵的路口协助交警进行交通管理，劝阻不文明过马路的行为，提示行人注意交通安全，维护交通秩序，增强交通安全意识和社会责任意识
10~12年级	1. 赛会服务我参与	积极参与在当地举办的各种赛会活动，在赛会活动中进行语言服务、会议服务、接待服务等多方面的志愿服务活动，并及时总结参与赛会服务的经验和感受，增强热心公益、积极为他人服务的意识
	2. 扶助身边的弱势群体	对身边的孤寡老人、残障人士等弱势群体进行调查，了解他们在生活中的实际困难，对他们进行力所能及的帮助并长期坚持，增强关心并尊重他人、主动提供服务的意识
	3. 做个环保志愿者	收集环境污染及监测的资料，学习环境污染监测的方法；实地考察了解当地环境特点，现场取样，进行实验检测，作为志愿者，长期监测并为相应部门提供数据；开展保护环境、减少污染的宣传活动，发现破坏环境的行为及时劝阻，增强热爱并尊重自然、保护环境的意识和积极参与环境保护的社会责任感
	4. 做农业科技宣传员	主动学习有关农业科技的知识；积极参加所在社区、乡镇开展的农业科技宣传活动；向周围的农民进行农作物施肥技术要点、合理使用农药的技术、现代农业种植养殖技术、合理购买农用物资的方法等农业科技知识的宣传和推广，用自身掌握的科学知识为家乡的农业科技普及作出贡献，增强社会责任感和热爱家乡的情感
	5. 参与公共文化服务	走进图书馆、博物馆、公园等社会文化机构，进行志愿讲解、文化传播、图书整理、公园导览、维持秩序、图书导读等志愿服务活动，积极参与社会公共文化服务，增强人文素养和加强利用自身文化积淀服务公众的意识
	6. 做普法志愿者	自主学习法律常识，了解《中华人民共和国宪法》《中华人民共和国国家安全法》《中华人民共和国消费者权益保护法》《中华人民共和国治安管理处罚法》和《中华人民共和国道路交通安全法》等法律法规的基本内容；结合国家宪法日、国家安全教育日、消费者权益日、世界环境日等走进社区，开展形式多样的普法宣传活动。增强法治意识，提高尊崇法治、依法行事、依法维权、热心公益和志愿服务的意识

附件 4

设计制作活动（信息技术）推荐主题及其说明

学段	活动主题	简要说明
3~6年级	1. 我是信息社会的“原住民”	认识计算机的外部组件，学习鼠标操作，体验用计算机听音乐、看电影、学习课件等。了解信息和信息处理工具，初步掌握计算机的基础知识和基本操作，认识信息、信息技术在社会生活中的重要性，建立初步的信息意识
	2. “打字小能手”挑战赛	掌握键盘知识和基本指法，学会用键盘输入的方法，为今后的信息技术学习打好基础，体验数字化学习带来的乐趣
	3. 我是电脑小画家	学习使用画图类的软件，利用鼠标作画来描绘身边的美好生活，熟练掌握鼠标操作的技巧，为今后的信息技术学习打好基础，同时形成相互协作、共同完成任务的意识
	4. 网络信息辨真伪	启动浏览器，浏览网站，利用搜索引擎搜索并获取自己需要的信息，在此基础上，学习保存需要的网页。掌握在网络上搜索信息的能力，提高判断真实信息和虚假信息的能力
	5. 电脑文件的有效管理	掌握查看文件的基本操作方法；新建文件夹，以及复制、移动、删除文件等；建立共享文件夹，在局域网中共享文件，体会文件在信息管理中的重要性
	6. 演示文稿成果	了解演示文稿的结构，学习在文稿中插入幻灯片，复制、删除、移动演示文稿中的幻灯片，在幻灯片中输入文字以及插入艺术字和图像；设置简单的动画效果，为演示文稿设置超链接和动作，保存、预览、打印文稿等。增强信息意识，培养利用数字化工具完成作品设计与创作的能力
	7. 信息交流与安全	申请电子信箱并收发电子邮件，按需求管理电子信箱中的电子邮件，了解垃圾邮件的危害；学会使用一种即时通信工具；申请网络博客，并发表个人博客；了解计算机病毒，学习查杀计算机病毒的操作方法。养成规范、文明的交流习惯，树立安全意识
	8. 我的电子报刊	录入文字并保存，设置段落对齐的方式、文字格式和间距，制作艺术字标题，在文档中插入图片，使用在线素材库，给文本框添加边框、背景、阴影等效果，绘制形状图，给文章添加页眉、页码、脚注，利用插入的表格进行求和、计算平均数、求最大数等，发布与交流电子报刊作品。了解文字处理软件的用途及使用方法，感受用表格展示信息的特点，初步形成数据处理的基本能力和意识
	9. 镜头下的美丽世界	使用数字拍照设备拍摄图像、视频，用图像管理软件浏览图像，设置图像管理软件的参数，学习批量操作图像文件，调整图像的明暗、色调，裁剪图像，为图像添加边框，生成电子相册等；学习用视频编辑软件截取视频片段、合并视频、转换视频文件的格式等。体验数字化图像、视频为人们生活、学习带来的便利，并初步接触知识产权、肖像权等知识，增强信息意识与信息社会责任
	10. 数字声音与生活	录制声音，保存声音，了解声音文件的基本格式，连接、混合声音，剪切声音片段，设置淡入淡出的效果，转换声音文件的格式等。体验数字化声频为人们生活、学习带来的便利，提高数字化学习与创新的信息素养，进一步加深对知识产权的理解，增强信息社会责任

表(续)

学段	活动主题	简要说明
3~6年级	11. 三维趣味设计	了解三维设计的基本思路，理解三维设计的应用，用三维建模软件设计一些与学习、生活相关的物品，亲历在综合情境下运用多种技术实现个性化、定制化产品研发的过程。学会利用技术解决真实问题，并初步感受文化创意产品的传播规律
	12. 趣味编程入门	了解所学语言编程的基本思路，理解所学编程语言中程序设计的基本结构，掌握编程的方法和步骤，编写出简单的程序。通过学习简单的编程语言，初步树立计算思维的信息素养，为中高年级程序语言的学习打好基础
	13. 程序世界中的多彩花园	利用建模的思想，使用程序编写的方式绘制各种图案，结合其他工具制作出明信片或者填色书，让不同的学生进行手工填色，完成各种各样的精彩图画。体会程序设计在美术制作领域中的作用，体会技术和艺术之间取长补短的关系，提升审美素养
	14. 简易互动媒体作品设计	使用常见的外部设备，结合常见的编程语言，设计出通过多样化的信息输入方式呈现出各种有趣效果的互动作品。培养将新奇创意变为现实的意识，掌握人机互动的原理，体会跨学科学习的魅力，提高动手实践能力
	15. 手工制作与数字加工	将电路知识和艺术设计结合起来，制作一个手绘图案的盒子，将各种电子元器件连接在盒子内部，使之成为发光的盒子。然后利用计算机将手绘的图案变成可以复制的、大规模印刷的电子文档，制作一排“发光墙”。初步了解大工业生产模式和手工模式的区别和联系，亲历单元设计以及单元联结成大型装置的过程，理解模块的概念在艺术设计中的应用
7~9年级	1. 组装我的计算机	熟悉计算机硬件的基本构成，掌握进制与编码，了解计算机的特点，认识常见的智能终端；了解计算机软件的基本构成、开源软件的发展等。认识计算机这类智能终端对人们日常生活带来的影响，提高数字化学习与创新素养，增强信息意识
	2. 组建家庭局域网	了解因特网的发展历史以及在我国的应用现状，了解因特网对社会的影响；熟悉 IP 地址和域名的组成、类型以及发展趋势，理解 IP 地址、网址和域名三者的对应关系；认识常见的网络类型，熟悉常用的网络设备，利用无线路由器组建无线局域网。增强健康、安全使用网络的意识，进一步提高网络应用能力，增强信息意识与信息社会责任
	3. 数据的分析与处理	学习电子表格软件管理数据和分析数据的思路和方法，根据主题开展数据调查，了解电子表格的基本功能，编辑加工和处理调查数据，建立统计图表，分析数据反映的现象和事实，编写数据分析报告。认识数据对人们日常生活的影响，进一步提高计算思维能力、数字化学习与创新素养，增强信息意识
	4. 我是平面设计师	了解数字图形图像的分类和特点，认识图像分辨率与输入、显示、输出分辨率的关系以及图像颜色深度、色彩与图像文件大小的关系，掌握图像的常用存储格式及其格式转换，图像压缩的必要性及其主要压缩方法，图层、通道、滤镜、路径、蒙版的综合应用。形成二维平面设计的能力和意识，提高数字化学习与创新素养，增强信息意识和信息社会责任

表(续)

学段	活动主题	简要说明
7~9年级	5. 二维三维的任意变换	使用纸模型软件将三维建模软件生成的立体图案转化成为二维的平面打印机可以打印的平面图纸，并且通过折纸粘贴等方式制作立体模型。了解三维和二维之间的关系，通过比较三维打印和纸模型粘接这两种构建三维形体的方式，体会不同工艺之间的区别和联系，并且能根据需要选择不同的工艺
	6. 制作我的动画片	认识视频和动画文件的格式，了解视频的含义以及动画的基本原理，了解视频和动画的主要应用领域，掌握动画的制作流程，能根据主题制作简单的视频和动画作品。了解动画的应用及发展前景，学习简单的动画软件，体验动画在日常生活中的广泛应用，提高数字化学习与创新素养，增强信息意识和信息社会责任
	7. 走进程序世界	了解程序设计的基本过程和方法；熟悉程序设计语言的用法，掌握常量、变量、函数等基本概念，理解程序的三种基本结构，知道人与计算机解决问题方法的异同，尝试编写、调试程序。激发编程的兴趣，培养逻辑思维能力，进一步理解计算思维的内涵，提高数字化学习与创新素养，增强信息意识和信息社会责任
	8. 用计算机做科学实验	通过计算机程序获取传感器实时采集的信息，并把这些信息记录在数据库中；对这些数据进行二次分析，验证之前的假设，甚至发现新的规律，初步感受大数据时代的研究方法，提高探究真实问题、发现新规律的能力
	9. 体验物联网	通过常见的开源硬件和电子模块，利用免费的物联网云服务，搭建各种物联网作品，如校内气象站、小鸡孵化箱等项目，体验物联网的应用。理解物联网的原理，熟悉常见的传感器编程方法，掌握物联网信息传输的常见方法，培养参与科学研究的兴趣，提升综合素质
	10. 开源机器人初体验	通过常见的电子模块，用3D打印或者激光切割等方式自制各种结构件，结合开源硬件，设计有行动能力的机器人。初步了解仿生学，分析生物的过程和结构，并把得到的分析结果用于机器人的设计，体验跨学科学习

附件 5

设计制作活动（劳动技术）推荐主题及其说明

学段	活动主题	简要说明
1~2年级	1. 我有一双小巧手——手工纸艺、陶艺	学习简单的手工制作，通过动手制作折纸、纸贴画、纸编，玩泥巴（手捏陶泥、轻黏土、软陶）等，掌握纸工、陶泥制作的简单技法，初步体验动手操作的乐趣
	2. 我有一双小巧手——制作不倒翁、降落伞、陀螺等	选择日常生活中的多种材料，制作不倒翁、降落伞、陀螺等玩具；探究、交流制作方法，提高动手操作能力及探究兴趣
3~6年级	1. 学做简单的家常餐	掌握几种简单的烹饪技能，学会洗菜、切菜、拌凉菜、炒家常菜和炖菜等；学会煮面条、包馄饨和包水饺等。了解健康饮食的重要性，感受劳动和生活的乐趣，形成积极的劳动态度
	2. 巧手工艺坊	利用纸质、布质等多种材料学习传统手工艺制作技术，包括：纸艺、布艺、编织、刺绣、珠艺、插花艺术等。初步树立技术意识，培养实践创新精神、动手能力和审美情趣
	3. 魅力陶艺世界	学习陶土材料（软陶、轻黏土等）的捏塑、盘筑、镶接等基本技能；有条件的可尝试自制个性化的陶艺手工作品。学习陶艺基本技艺，自主探究创作，激发好奇心和想象力
	4. 创意木艺坊	使用手工锯、曲线锯、木板、KT 板、乳胶、砂纸等工具和材料，初步掌握木工直线锯割和曲线锯割技术，运用插接、钉接、粘接等连接方法制作小木工创意作品。在学习木工基本技艺过程中，学习创意表达，提高动手实践能力，体验工匠精神
	5. 安全使用与维护家用电器	了解家用电器的种类并建立家用电器档案；了解 1~2 种家用电器的发展过程，理解创造发明对社会发展的作用；会阅读简单的家用电器说明书，并在家长指导下学习正确使用及安全维护的方法。感受技术对社会进步的影响，进一步增强技术意识，养成自主学习的良好习惯
	6. 奇妙的绳结	了解绳结种类、符号，学习绳结的编织技法，初步掌握编织工具的使用方法，学会中国结、救生结等装饰结和实用结的设计与制作。感受中国民间艺术的魅力，理解生命意义和人生价值，增强安全意识和自我保护能力
	7. 生活中的工具	观察五金店或调查家庭中的常用工具和简单机械；设计《生活中工具和简单机械的调查表》，将身边的常用工具（筷子、开瓶器、起子、扳手等）以及课堂教学活动中使用的工具和简单机械（剪刀、美工刀、尖嘴钳、木工小机床等）的名称、作用、用途等列出来；认识其作用、原理、用途，并学会使用常用工具和简单机械。学会根据需要来选择合适工具和机械，培养科学探究精神和技术意识及能力
	8. 设计制作建筑模型	了解房屋的一般结构；知道本地民居、校园的基本建筑式样与材料、基本特征与功能。用木板、纸板、KT 板、陶泥等多种材料制作民居、校园等建筑模型。初步学习识读图纸，会表达设计思想，初步形成技术设计能力，增强环保意识、人文情怀和审美情趣
	9. 创意设计与制作（玩具、小车、书包、垃圾箱等）	在生活中收集各种材料和用具，特别是一些废旧物品，根据一定的科学原理，尝试进行创意设计，制作简单的玩具、小车、书包、垃圾箱、水火箭等，激发创新精神，提高动手实践能力

表(续)

学段	活动主题	简要说明
7~9年级	1. 探究营养与烹饪	了解本地传统美食及其营养价值，分享美食文化，学做几种家常菜肴；调查了解家庭成员营养需求和饮食习惯，提出合理的食谱，撰写健康饮食倡议书，增强健康饮食的意识，养成良好的饮食习惯
	2. 多彩布艺世界	学习手工缝纫基本针法，掌握简单机缝技术，完成有实用价值的布艺创意作品的设计与制作，用缝制抱枕、印制创意T恤、改造衣服等方式，美化生活。充分发挥想象力和创造力，增强环保意识，养成节约资源的习惯，提高实践创新能力
	3. 我是服装设计师——纸模服装设计与制作	通过简易纸模服装作品的设计与制作，学会画设计简图；根据简图裁剪制作，知道简易服装制作的一般流程，度量、设计、打样、裁剪、缝制；设计并制作一件创意纸模服装。在技术学习过程中，提高图样表达能力，进一步提升想象力、实践创新能力和审美情趣
	4. 创作神奇的金属材料作品	认识生活中常用的金属材料，初步掌握金工工具的使用方法，学习易加工金属材料（金属丝、金属片等）的加工技能和金属作品设计的一般方法，完成金属作品的创意设计与制作，如金蝉脱壳、九连环等。激发技术学习兴趣，使个体主观表现和创造发挥相结合，提高实践创新能力
	5. 设计制作个性化电子作品	学习电子相关知识，了解电路原理，初步掌握电子制作的基本技术和方法，能阅读简单电子线路图，运用相关工具和材料，照线路图进行连接。在此基础上，设计制作各类创意电子作品。亲历电子作品的制作过程，提高对电子产品的认识，增强学习电子知识的兴趣，提升电子制作的能力
	6. 智能大脑——走进单片机的世界	认识生活中无处不在的单片机控制系统（如红绿灯、电梯、自动门等），了解单片机的功能，学会简单的图形化编程方法，能够实现传感器、控制电路、执行器的简单电路搭建，完成一定的功能，如模拟红绿灯、车库抬杆控制器等，激发创新精神，锻炼动手能力。有条件的学校可以开展基于单片机的智能控制学习，搭建寻迹小车、温控风扇等智能控制产品
	7. 模型类项目的设计与制作	学习设计、制作“三模”（航模、海模、车模）等，掌握相关工具、设备的使用方法，初步认识常见的具有动力源的机械，可尝试通过改变某些条件来提高运动能力，以此加深对不同动力的再认识并取得实际操作经验。亲历模型的设计、制作过程，理解简单机械的组装、传动方式及制作流程，弘扬勤于实践、敢于质疑、勇于创新的精神，养成科学严谨的制作态度
	8. 摄影技术与电子相册制作	掌握摄影技术以及与电子相册制作的有关知识和基本技术。通过查阅资料、课堂交流讨论及教师指导，获得小型数码相机及单镜头反光式数码相机的有关知识和摄影技术，初步学会使用数码相机；学会利用相关的图像编辑工具修饰照片和制作电子相册。拍摄兼具技术与艺术的照片，增强发现美的意识，并通过展示美——制作电子相册，提高信息技术应用能力
	9. 3D设计与打印技术的初步应用	了解3D打印技术原理，学习三维建模的方法和使用3D打印机的方法，了解3D打印的限制条件，学习产品设计应考虑的基本原则以及设计中的人机关系；运用3D打印技术进行创新设计，打印简单模型。认识与掌握先进技术，提高创新设计能力。有条件的学校可以配备多种打印方式与打印材料的3D打印机

表(续)

学段	活动主题	简要说明
7~9年级	10. 现代简单金木电工具和设备的认识与使用	学习几种现代简单的金、木、电加工工具和设备的使用方法，并能安全、规范地使用工具和设备，运用不同材质来设计制作创意作品和建筑、桥梁等模型。学习掌握应用技术，培养精益求精的技术意识以及安全使用工具、设备的意识，弘扬做事情认真、敬业、执着的态度以及勇于创新的精神
	11. 基于激光切割与雕刻的创意设计	了解激光切割的技术原理，会操作激光切割机，学习使用计算机辅助设计类软件，设计模型构件并进行激光切割，组装成立体模型；了解激光雕刻的技术原理，会进行构件表面的雕刻设计与操作。了解与认识先进技术，激发创新意识，搭建创意设计的快速展现平台
	12. 立体纸艺的设计与制作	知道利用纸质材料进行立体构成的技术原理，学习几种简单的操作方法，设计并制作简单的纸立体构成作品。亲历纸立体构成的设计与制作过程，感悟纸工艺的应用
	13. “创客”空间	大胆想象，提出符合设计原则且具有一定创造性的构思方案，主动参与创新实践，自主确定创新作品主题并进行设计，完成制作，实现奇思妙想。注意传统手工技术与现代技艺结合，在技术创新实践过程中，提升技术并交流创意，提高批判质疑和问题解决能力，弘扬“创客”精神
	14. 生活中的仿生设计	通过调查了解生物仿生的常识，如参观博物馆仿生展览、实地考察仿生建筑，调查仿生学在生活中的应用；根据仿生原理进行仿生设计，关注生物多样性，利用各种生物的特性进行仿生设计，提高创新精神和解决问题的能力
	15. 生活中工具的变化与创新	观察生活中灯具、清洁工具、学具、教具、灶具等各种工具存在的问题，通过参观博物馆、访谈等方式收集各种生活工具发展与变化的资料，进行创新设计或改进，制作出一个新型工具。关注生活中工具的发展带来的生活变化，体验科技的进步，激发创新精神，提高动手实践能力

附件 6

职业体验及其他活动推荐主题及其说明

学段	活动主题	简要说明
1~2年级	1. 队前准备	知道少先队组织含义和入队标准，有强烈的入队意愿，通过实际行动掌握队前教育知识和技能，用行动志愿加入光荣的少先队组织，成为一名合格的少先队员
	2. 入队仪式	通过庄严的入队仪式，帮助队员明确身份和责任，为队员的组织成长留下痕迹
	3. 少代会	了解或参与少代会，产生向往和体验队组织生活的情感
	4. 红领巾心向党	了解、区分党、团、队旗的特点，了解共性，达到认识组织标志、简单了解组织间领导和发展关系的目的
3~6年级	1. 今天我当家	通过记录家庭一日支出、制订购物计划、合理支配个人零花钱、了解购物小常识、自购学习用品、尝试当家一天、学习正确选购简单安全的食材等活动，初步树立理财意识，养成勤俭节约的生活习惯，培养对父母的感恩之心
	2. 校园文化活动我参与	通过访问、考察等方式调查与了解本校各种校园文化活动（如值周活动，各种社团活动，各种重要节日活动，校园体育、阅读、艺术、科技节等）的实施要求，选择自己感兴趣的活动参与其中，从中发现问题，提出改进措施，增强参与服务意识，提高发现问题的能力
	3. 走进博物馆、纪念馆、名人故居、农业基地	在外出考察前，利用网络、书籍等多种途径，了解社会资源单位的基本情况、资源内容与特点；提出研究问题，设计考察方案；通过任务驱动的方式，有效地开展实践活动，获得研究结论。增加对本地自然和社会生活的了解，增长生活经验，增强社会适应能力
	4. 我是小小养殖员	在教师的指导和组织下，亲手饲养 1~2 种常见小动物（如小金鱼、小乌龟、小白兔等），农村地区的学生可以帮助家人养家禽等，记录饲养过程，完成它们成长过程的观察记录，懂得饲养的正确方法；学会用数据、照片、视频、语言描述等方法交流自己的观察结果和饲养体验。初步了解并掌握若干种小动物饲养的简单方法，增强关爱小动物以及人与动物和谐相处的生态意识
	5. 创建我们自己的"银行"（如阅读、道德、环保）	讨论和分析如何通过创建"银行"来解决各种日常（班级）生活中的问题（如阅读问题、道德意识、环保意识培养等）；开展规则制定、任务分工、运用实验及效果分析等活动，提高活动策划与组织实施能力
	6. 找个岗位去体验	联系学生家长单位或学校周边商场、图书馆、派出所、环保局等单位，体验理货、整理图书、打扫卫生、协警等岗位；初步体验职业，感受不同职业的劳动，体会各种职业劳动的艰辛。初步树立尊重别人劳动成果的意识，体会劳动创造幸福生活的内涵
	7. 走进爱国主义教育基地、国防教育场所	利用网络、书籍等多种途径，了解要参观考察的爱国主义教育基地（禁毒教育基地、安全教育基地、红色旅游区）、国防教育场所的基本情况、资源内容与特点；提出自己想研究的问题，在参观和考察过程中尝试解决问题，增强爱国主义情感和国家认同感
	8. 过我们 10 岁的生日	一起过 10 岁集体生日，凝结友情，增强集体凝聚力；梳理自己和集体的成长足迹，避免攀比等负面现象，确定自己和集体新的成长目标，关注个人与集体共同的成长、收获，感恩父母、师长、同伴

表(续)

学段	活动主题	简要说明
3~6年级	9. 红领巾相约中国梦	从少先队员的视角采访亲朋好友及社会各行业的人，了解个人成长、发展与实现中国梦之间的关系，激励自身努力增长本领和才干，为实现中国梦作出自己的贡献
	10. 来之不易的粮食	调查和实地考察农民，了解当地主要粮食作物的种类，认识各种粮食作物，观察农作物生长，体验作物栽培管理（如除草、间苗、浇水、施肥等），感受粮食的来之不易，初步树立爱惜粮食、尊重他人劳动成果的意识和行为习惯
	11. 走进立法、司法机关	收集信息了解人民代表大会、法院、检察院等的职能；走进当地人民代表大会、法院、检察院等；与立法、司法机关工作人员进行座谈；旁听法院庭审；组织开展“模拟审议”“模拟法庭”等活动；交流分享对法律尊严的理解和认识，尊崇法治，敬畏法律，具有规则与法治意识
	12. 我喜爱的植物栽培技术	在教师的指导和组织下，亲手种植1~2种常见农作物或花卉，观察记录它们的生长过程，掌握栽培的基本方法；学会用数据、图画、语言描述等方法交流自己的观察结果和种植体验。学会使用简单的种植小工具，初步掌握种植的一般方法，增强与自然和谐相处的生态意识
7~9年级	1. 举行大队建队仪式	成立初一少先队大队，集体参观爱国主义教育基地，学习和了解抗战和祖国发展历史，增强民族自尊心、自信心、自豪感，增强少先队员的责任意识和爱国意识
	2. 策划校园文化活动	调查同学们对校园文化活动的想法，结合需求策划一次校园文化活动，如科技节、艺术节、读书节、体育节等；在学校或班级中实际开展校园文化活动；在校园文化活动中承担各种志愿服务工作，树立主动参与学校管理、积极为同学服务的意识
	3. 举办我们的“3·15”晚会	收集身边侵害消费者权益的事件和案例；走访当地消费者协会；参与消费者维权活动；在此基础上设计并举办一场“3·15”晚会，展示同学们参与消费维权活动的成果，增强依法维权的意识和能力
	4. 民族节日联欢会	通过文献检索和对身边不同民族的人进行访谈，获得相关民族节日的资料；调查同学们对不同民族节日的了解程度；举办联欢会，进行民族服装展示、美食制作，或各种民族节日庆典、习俗表演，展示不同民族的习俗与风情。加深对各民族文化的理解和尊重，促进民族和谐
	5. 中西方餐饮文化对比	查阅文献，到中、西餐馆考察、采访，收集相关资料，比较中西方文化差异，通过讨论、辩论、表演中西方用餐礼仪等多种方式，加深对中西方多元文化的理解和尊重，能够包容文化的多样性和差异性
	6. 少年团校	学习党团发展历史、共青团员权利义务、团的基本常识，了解入团的程序和团员标准，在高年级团员同学带领下学习共青团的性质、任务，激发向上向善的决心
	7. 举行建团仪式（14岁生日）	告别少先队，迎接共青团；举行新团员集体宣誓仪式；参观爱国主义教育基地。通过离队建团仪式，做好团队衔接，树立初步理想信仰，争当中国梦的筑梦者

表(续)

学段	活动主题	简要说明
7~9年级	8. 职业调查与体验	了解或亲身体验父母、亲戚所从事的职业，大致了解职业分类；选择某个职业进行体验，感受职业生活的辛苦与快乐，初步尝试制订自己职业生涯规划，增强自我规划意识，为自己将来选择和规划职业生涯奠定基础
	9. 毕业年级感恩活动	通过参观等活动了解国情党史，感受社会温暖，理解体会父母恩、老师情；开展为父母和母校制作毕业礼物等活动，重温历史，懂得感恩，立志艰苦奋斗，培养回报社会的情感和社会责任意识
	10. 制定我们的班规班约	自主收集并学习《中学生日常行为规范》、学校规章制度等文件；从纪律、学习、卫生、礼仪、安全以及班级特色等多方面考虑，提出本班同学需要遵守的班规班约及实施办法；全班同学参与讨论，确定班规班约；一段时间后，检查同学们对班规班约的执行情况，并针对问题作出调整，增强遵守规则的意识，提高自律能力
	11. 军事技能演练	通过投掷、攀登、越野、远足、制作航（船）模、识图用图、无线电测向等军事活动的技能训练以及听革命传统故事，培养机智勇敢、坚忍不拔的精神，提升综合国防素质
	12. “信息社会责任”大辩论	了解信息的概念及主要特征，认识信息与信息媒体的区别与联系；理解信息技术的概念，体验信息技术在社会发展中的重要作用，认识信息技术对人类生活、工作、学习的影响；了解信息技术学科的前沿发展状况，知道影响网络安全的因素和基本安全防护策略，认真思考在信息社会应遵循的信息道德规范，养成健康、安全的网络行为，增强信息意识与信息社会责任
	13. 走近现代农业技术	在教师的指导下，参观动物饲养场，学习一种常用饲料的配制方法；采集农作物病害标本，捕捉当地常见农业害虫，向农民和农业技术人员请教病虫害的特征和防治方法，可小组合作进行简单生物治虫试验；学习无土栽培技术，学会人工配制一种培养液，尝试用水培、基质栽培等方法种植植物；合作制作简易的节水灌溉装置或人工温室装备，尝试进行日光温室种植蔬菜、花卉试验；了解当前几种先进的农业技术及其发展趋势，体会现代农业技术高效、节能、生态的优点，培养与技术相联系的经济意识、质量意识、环保意识等
10~12年级	1. 制定自然灾害应急预案及演练	收集信息，了解当地可能发生的自然灾害；走访当地防灾减灾部门，了解防灾减灾措施；制定家庭及学校自然灾害发生时的应急预案并进行演练，增强防灾减灾的意识和能力
	2. 关注中国领土争端	结合时事，收集当前中国有领土争端的地域，如钓鱼岛、南海诸岛等的历史，认识南海诸岛是中国领土的组成部分，钓鱼岛是中国固有领土，中国对其拥有无可争辩的主权；通过调查、访谈，了解公众对中国领土争端的态度，提出捍卫我国领土、解决领土争端的想法和观点，激发爱国主义情感，增强捍卫国家领土主权的意识
	3. 高中生生涯规划	收集信息了解生涯规划常识，进行相关心理测试，多种途径调查了解自己的理想职业，进行职业体验，整体规划自己的职业生涯，并对其他同学的生涯规划提出建议，提升规划意识，积极为今后人生发展做好准备
	4. 走进社会实践基地	走进博物馆、纪念馆、名人故居、农业基地、科技馆等教育基地，实地考察和收集文献了解教育基地的详细信息，认识和感受古今中外人文科技领域文明和成果。开阔视野，提高人文素养、科学素养和艺术素养

表(续)

学段	活动主题	简要说明
10~12年级	5. 走进军营	走进军营、学生军事训练基地，参观军营，与军营官兵共同生活训练，学习国防知识，观看经典军事题材影片，学唱革命歌曲，参与军事训练，开展各种军训相关技能竞赛，担任警卫哨等，增强国防安全意识和集体意识
	6. 创办学生公司	收集信息，学习了解商业运行的基本模式；自愿结成小组，使用自己的零花钱作为启动资金，共同创办一个学生公司；召开股东会，竞选管理人；选定公司营销的产品，确定消费人群；开展生产和销售，产品财务登记；实际运营一段时间后进行评估和清算；总结反思公司运营的经验和教训。通过实际经营一个企业，体验创业过程，初步培养创业精神、沟通能力和营商能力
	7. 18 岁成人仪式	在国旗下进行成人宣誓，读父母信件和给父母回信，接受成人祝福，受赠宪法读本，参观爱国主义教育基地，重温国情党史，明确成人的含义及成年人的责任，思考未来发展方向，立志成长
	8. 业余党校	学习党的基本知识、党的发展历史，明确党的性质、任务以及党员的权利义务，了解入党的程序和党员标准，激发热爱党的感情
	9. 我的毕业典礼我设计	收集整理三年校园生活的片段；面向全体同学进行调查，据此设计和制定符合本届毕业生需求的个性化毕业典礼；开展向母校赠送礼物、与恩师话别、重温父母恩情等活动。锻炼实践能力，增强感恩意识，举办令人印象深刻的毕业典礼

附录二:《成都市中小学综合实践活动课程实施方案》

为全面贯彻党的教育方针，坚持教育与生产劳动、社会实践相结合，充分发挥中小学综合实践活动课程在立德树人、五育并举中的重要作用，根据《中共中央 国务院关于深化教育教学改革全面提高义务教育质量的意见》（中发〔2019〕26 号）、《国务院办公厅关于新时代推进普通高中育人方式改革的指导意见》（国办发〔2019〕29 号）和《教育部关于印发〈中小学综合实践活动课程指导纲要〉的通知》（教材〔2017〕4 号）等有关文件要求，结合成都市实际，制订本实施方案。

一、课程性质

综合实践活动是国家义务教育和普通高中课程方案规定的必修课程，与学科课程并列设置，是基础教育课程体系的重要组成部分。该课程由地方统筹管理和指导，具体内容以学校开发为主，自小学一年级至高中三年级全面实施。综合实践活动是从学生的真实生活和发展需要出发，从生活情境中发现问题，转化为活动主题，通过探究、服务、制作、体验等方式，培养学生综合素质的跨学科实践性课程。

二、课程目标

（一）总体目标

学生能从个体生活、社会生活及与大自然的接触中获得丰富的实践经验，形成并逐步提升对自然、社会和自我之内在联系的整体认识，具有价值体认、责任担当、问题解决、创意物化等方面的意识和能力。

（二）学段目标

学段	具体目标
小学阶段	1. 价值体认：通过实践亲历、参与少先队活动、场馆活动和主题教育活动，参观爱国主义教育基地，以及体现我市“天府文化”的重要基地等，获得有积极意义的价值体验。理解并遵守公共空间的基本行为规范，初步形成集体思想、组织观念，培养对中国共产党的朴素感情，为自己是中国人感到自豪，形成初步的“家国情怀”，热爱祖国、热爱家乡 2. 责任担当：围绕日常生活开展服务活动，能处理生活中的基本事务，初步形成生活学习自理能力，养成自立精神及尊老尊师爱幼、热爱生活的态度，具有积极参与学校和社区生活、家务劳动的意愿

表(续)

学段	具体目标
小学阶段	3. 问题解决：能在教师的引导下，结合学校、家庭生活中的现象，发现并提出自己感兴趣的问题。能将问题转化为研究小课题，体验课题研究的过程与方法，提出自己的想法，形成对问题的初步解释 4. 创意物化：通过动手操作实践，初步掌握手工设计与制作、家务劳动的基本技能；学会运用信息技术，设计并制作有一定创意的数字作品。运用常见、简单的信息技术解决实际问题，服务于学习和生活
初中阶段	1. 价值体认：积极参加班团队活动、场馆体验、红色之旅、“天府文化”考察探究等，亲历社会实践，加深有积极意义的价值体验。能主动分享体验和感受，与老师、同伴、家长交流思想认识，形成国家认同，热爱中国共产党，热爱家乡。通过职业体验活动，发展兴趣专长，形成积极的劳动观念和态度，具有初步的生涯规划意识和能力 2. 责任担当：观察周围的生活环境，围绕家庭、学校、社区的需要开展服务活动，增强服务意识，养成独立生活习惯；愿意参与学校服务活动，增强服务学校的行动能力；初步形成探究社区问题的意识，愿意参与社区服务，初步形成对自我、学校、社区负责任的态度和社会公德意识，承担一定的家庭义务，初步具备法治观念 3. 问题解决：能关注自然、社会、生活中的现象，积极思考并提出有价值的问题，将问题转化为有价值的研究课题，学会运用科学方法开展研究。能主动运用所学知识理解与解决问题，并作出基于证据的解释，形成基本符合规范的研究报告或其他形式的研究成果 4. 创意物化：运用一定的操作技能解决生活中的问题，将一定的想法或创意付诸实践，通过设计、制作或装配等，制作和不断改进较为复杂的制品或用品，发展实践创新意识和审美意识，提高创意实现能力。通过信息技术的学习实践，提高利用信息技术进行分析和解决问题的能力，形成一定的数字化产品设计与制作能力
高中阶段	1. 价值体认：通过自觉参加班团活动、走访模范人物、研学旅行、职业体验活动，组织社团活动，深化社会规则体验、国家认同、文化自信，初步体悟个人成长与职业世界、社会进步、国家发展和人类命运共同体的关系，增强根据自身兴趣专长进行生涯规划和职业选择的能力，强化对中国共产党的认识和感情，具有中国特色社会主义共同理想和国际视野 2. 责任担当：关心他人、社区和社会发展，能持续地参与社区服务与社会实践活动，关注社区及社会存在的主要问题，热心参与志愿者活动和公益活动，增强社会责任意识和法治观念，形成主动服务他人、服务社会的情怀，理解并践行社会公德，提高社会服务能力 3. 问题解决：能对个人感兴趣的领域开展广泛的实践探索，提出具有一定新意和深度的问题，综合运用知识分析问题，用科学方法开展研究，增强研究能力、解决实际问题的能力。形成严谨的科学态度，养成勇于探索、勇于克服困难的意志品质和追求真理的科学精神。能及时对研究过程及研究结果进行审视、反思并优化调整，建构基于证据的、具有说服力的解释，形成比较规范的研究报告或其他形式的研究成果 4. 创意物化：积极参与动手操作实践，熟练掌握多种操作技能，综合运用技能解决生活中的复杂问题。增强创意设计、动手操作、技术应用和物化能力。形成在实践操作中学习的意识，提高综合解决问题的能力

三、课程内容及活动方式

（一）课程内容

综合实践活动课程内容丰富多彩、开放广泛，其内容选择与组织应遵循自主性、实践性、开放性、整合性和连续性原则，既要面向社会生活，也要贴近学生实际，关注学生的需要，激发学生的兴趣。

学校要统筹安排各年级、各班级学生的综合实践活动主题、课时、场地，允许和鼓励师生从生活中选择有价值的活动主题，选择适当的活动方式创造性地开展活动。在设计与实施综合实践活动课程中，要引导学生主动运用各门学科知识分析解决实际问题，使学科知识在综合实践活动中得到延伸、整合、重组与提升。

学校可将优秀传统文化教育、革命传统教育、国家安全教育、心理健康教育、生涯规划教育、环境教育、法治教育、知识产权教育等专题教育，转化为学生感兴趣的综合实践活动主题，让学生通过亲历感悟、实践体验、行动反思等方式实现专题教育的目标。

（二）活动方式

1. 考察探究

考察探究是学生基于自身兴趣，在教师的指导下，从自然、社会和学生自身生活中选择和确定研究主题，开展研究性学习，在观察、记录和思考中，主动获取知识，分析并解决问题的过程，如野外考察、社会调查、研学旅行、现代企业考察等。它注重运用实地观察、访谈、实验等方法，获取信息和材料，形成理性思维、批判质疑和勇于探究的精神。关键要素包括：发现并提出问题；提出假设，选择方法，研制工具；获取证据；提出解释或观念；交流、评价探究成果；反思和改进。

小学阶段。主要是从学生的兴趣出发，学生在教师的指导和协助下学会观察身边的事物、生活的环境，并提出感兴趣的问题。通过查找资料，梳理资料，培养学生的探究意识。至少开展一次社会调查。

初中阶段。在教师的指导下，学生能结合周边的自然环境、社会现象、社会问题等领域，确定研究主题，通过观察、实验、探究等方式，运用所学知识，了解和初步掌握一定的科学研究方法，提高自我认识和反思能力，形成科学态度。至少开展两次社会调查。

高中阶段。以研究性学习活动为主，包括研学旅行、社会考察等。学生基于自身兴趣，在教师指导下，从自然、社会和学生自身生活中选择和确定研究专题，开展主动获取知识、应用知识、解决问题的学习活动。活动以认识和解决某一问题为主要目的，采用文献研究、观察报告、项目设计、科学实验、社会调查、考察报告等方式。其内容包括三个领域：人与自然，人与社会，人与自我。

2. 社会服务

社会服务指学生在教师的指导下，走出教室，参与社会活动，以自己的劳动满足社会组织或他人的需要，如公益活动、拥军优属、城乡综合环境整治、志愿服务、法制宣传、勤工俭学等。它是学生接触社会、认识和了解社会、增强社会实践能力的重要学习活动。关键要素包括：明确服务对象与需要；制订服务活动计划；开展服务行动；反思服务经历，分享活动经验。各学校要积极与社区、社会单位合作，共同制订社会服务活动方案。

小学阶段每学年至少要完成一次社会服务活动。初中阶段每学年应至少完成两次社会服务活动。高中阶段按要求完成军训、党团活动和社会考察活动。

3. 设计制作

设计制作指学生运用各种工具、工艺（包括信息技术）进行设计，并动手操作，将自己的创意、方案付诸现实，转化为物品或作品的过程，如动漫制作、编程、陶艺创作、科技制作等，它注重增强学生的技术意识、工程思维、动手操作能力等。在活动过程中，鼓励学生手脑并用，灵活掌握、融会贯通各类知识和技巧，提高学生的技术操作水平、知识迁移水平，体验工匠精神等。设计制作的关键要素包括：创意设计；选择活动材料或工具；动手制作；交流展示物品或作品，反思与改进。

小学阶段应结合信息技术课、课后延时服务等开展动手活动课，学生至少有 1~2 件制作成果；初中阶段结合信息技术、劳动技术等开展活动，学生至少有 3~5 件制作成果；高中阶段结合信息技术、通用技术等开展活动，学生至少有 3~5 件制作成果。

4. 职业体验

职业体验指学生在实际工作岗位上或模拟情境中见习、实习，体认职业角色的过程，如军训、学工、学农等。它注重让学生获得对职业生活的真切理解，发现自己的专长，培养职业兴趣，形成正确的劳动观念和人生志向，提升生涯规划能力。职业体验的关键要素包括：选择或设计职业情境；实际岗位演练；总结、反思和交流经历过程；概括提炼经验，行动应用。

小学低段可以开设职业启蒙教育课，学校每学年至少开展一次提供相关职业情境，让学生进行职业体验的活动课。鼓励小学中高段和初、高中阶段学生走出学校，走进真实职业场景，进行社会各行各业职业体验活动。鼓励区域内中小学和中职学校联合开展活动，充分发挥中职学校在场地、专业师资等方面的优势，共同开发课程，提高中小学教师的课程领导力，同时提升中职学校的社会服务能力。

综合实践活动除了以上活动方式外，还有党团队教育活动、博物馆参观、生产劳动等。综合实践活动方式的划分是相对的。在活动设计时可以有所侧重，以某种方式为主，兼顾其他方式；也可以整合方式实施，使不同活动要素彼此渗透、融合贯通。

中小学劳动教育必修课实践环节中与综合实践活动的社会服务、设计制作、职业体验重叠部分，可整合实施。

四、课时安排

（一）义务教育阶段

义务教育阶段综合实践活动主要包括：研究性学习、社区服务与社会实践、劳动与技术教育等。1~2 年级每周不得少于 1 课时，3~9 年级每周不得少于 2 课时。课时安排原则上为分散每周安排。为落实研学旅行、社会考察等也可适当集中课时安排，但不得以集中安排为由减少综合实践活动课时总量。

开展课后服务的学校，可考虑充分利用课后服务时间，组织学生开展综合实践活动。

（二）高中教育阶段

高中综合实践活动共 8 学分，包括研究性学习、党团活动、军训、社会考察等，研究性学习 6 学分（完成 2 个课题研究或项目设计，以开展跨学科研究为主），其他 2 个学分。

（1）研究性学习。研究性学习 6 学分，共 108 学时。完成 2 个课题研究或项目设计，以开展跨学科研究为主，学校可以采用模块学时或弹性学时安排。即：一学年一个课题（项目），每个课题（项目）3 个学分。安排在高一、高二年级完成。

（2）社会实践。社会实践 2 个学分，共 36 学时，三年不少于 1 周。包括党团活动、军训、社会考察、职业体验等。学校可以根据实际进行集中安排或分散安排，按每学年 2~3 个工作日，或每学年 18 学时进行安排，尽可能在高一、高二年级完成。

五、课程实施

学校是综合实践活动课程规划的主体。各学校要确定专门部门对综合实践活动课程进行整体设计，将办学理念、办学特色、培养目标、教育内容等融入其中。要依据学生发展状况、学校特色、可利用的社区资源，对综合实践活动课程进行统筹考虑，形成综合实践活动课程总体实施方案，与学校校本课程、德育活动等有机结合；还要基于学生的年段特征、阶段性发展要求，制订具体的“学校学年（或学期）综合实践活动计划与实施方案”，与学校学年（或学期）总体实施方案及年级、班级活动计划相互配套、衔接，形成促进学生持续发展的课程实施方案。

1. 组织管理

作为综合实践活动课程实施的主体，学校要明确实施机构及人员、组织方式等，加强过程指导和管理，确保课程实施到位。学校校长是综合实践活动课程的第一责任人。学校要成立综合实践活动课程领导小组，明确推进综合实践活动课程的具体负责人。

2. 教师配备

12 个班及其以上的学校原则上至少配备 1 名专职综合实践课程教师，12 个班以下的学校应至少配备 1 名兼职综合实践课程教师，参与学校综合实践活动课程规划，有效组织、指导学生参加综合实践活动课程，承担一定的综合实践活动课程教学任务。学校要高度重视和加强班主任在综合实践活动课程推进中的地位和作用。各学科教师要发挥专业优势，主动承担指导任务。其他学校教职工要积极参与，分工合作。学校要积极争取家长、校外活动场所指导教师、社区人才资源等有关社会力量成为综合实践活动课程的兼职指导教师，协同指导学生综合实践活动的开展。

3. 实施方式

学校要协调全校力量，整合实施综合实践活动课程。包括：内容的整合，将学科实践活动、德育活动、专题教育活动、校本课程等内容整合；人员的整合，将学校各部门工作人员、学科教师、家委会成员、社会及校外专家等力量整合成为活动指导团队；方式的整合，要突破传统活动单一、浅层的活动方式，将讲解、表演、展示、评比、探究、服务、制作、体验等多种方式整合，设计主题，开发系列活动，拓展深化活动的育人价值。

4. 活动指导

教师既不能“教”综合实践活动，也不能推卸指导的责任，而应当成为学生活动的指导者、组织者、参与者和促进者。教师的指导应贯穿于综合实践活动实施的全过程。

（1）指导者：教师要创设问题情境，激发学生参与实践的内在动机。引导学生提出问题，确定研究课题或活动主题，并在制订活动方案、实施过程、总结与评价等环节，给予学生必要的、适度的指导。针对不同学段的学生，进行方法训练，引导学生利用工具书、使用视听媒体、开展问卷调查等，指导学生学会整理资料、建立过程档案。

（2）组织者：教师要善于组织协调，组织灵活多样的交流、研讨活动，帮助学生保持和进一步提高活动积极性。教师应创造性地利用各种教育因素，捕捉教育时机，以实现综合实践活动课程的教育功能。

（3）参与者：教师要积极参与学生的活动，及时了解学生活动的进展情况、问题与需求，根据具体情况帮助学生调整计划，主动参与学生的探索与实践。在参与的过程中，促进教师自身成长，努力做到“教学相长”。

（4）促进者：教师要为学生实践创设必要条件，积极争取家长和社会的关心、理解和参与，开发对实施综合实践活动有价值的校内外教育资源，为学生实践提供良好的条件。

5. 活动评价

综合实践活动情况是学生综合素质评价的重要内容。各学校和教师要以促进学生综合素质持续发展为目的设计与实施综合实践活动评价。要坚持评价的方向性、指导性、客观性、公正性等原则。

小学阶段各学校应建立学生综合实践活动档案袋。指导学生对自己参与的考察探究、社会服务、设计制作和职业体验活动进行写实记录，对学生在参与活动中的具体情况及相关佐证材料做好收集。分类整理、遴选具有代表性的活动记录、典型事实材料等资料，并编排、汇总、归档。原则上每学年进行一次材料收集、整理，师生共同完成活动评语，进行总结考评。

初中阶段各学校要按照成都市教育局关于印发《成都市初中学生综合素质评价实施方案》的通知（成教函〔2019〕95 号）的要求，组织学生对综合实践活动进行写实记录。

高中阶段各学校要按照《成都市教育局关于使用成都市中学生综合素质评价记录管理系统的通知》（〔2017〕-25（发））的要求，组织学生对综合实践活动进行写实记录。

综合实践活动以小组合作方式为主，也可以个人单独进行。小组合作范围可以跨班级、跨年级、跨学校和跨区域等。要根据实际情况灵活运用各种组织方式。

六、课程管理与保障

（一）培训与教研

1. 建立指导教师培训制度

市、区（市）县分级开展综合实践活动课程专兼职教师培训，明确培训目标，努力提升教师的跨学科知识整合能力，观察、研究学生的能力，指导学生规划、设计与实施活动的能力以及课程资源的开发和利用能力等。要根据教师的实际需求，开发相应的培训课程，组织教师按照课程要求进行系统学习。要不断探索和改进培训方式方法，倡导参与式培训、案例培训和项目研究等，不断激发教师内在的学习动力。在全市骨干教师培训、专项教师培训等项目中明确综合实践活动类别，保障课程地位。

2. 建立健全日常教研制度

各学校要通过专业引领、同伴互助、合作研究，积极开展教研活动，及时分析、解决课程实施中遇到的问题，提高课程实施的有效性。各区（市）县教研机构要配备综合实践活动专职教研员，加强对校本教研的指导，并组织开展专题教研、区域教研、网络教研等，通过协同创新、校际联动、区域推进，着力构建市、区、校三级教研网络，提高中小学综合实践活动整体实施水平。

（二）支持与保障

1. 资源开发

各学校应坚持因地制宜，充分利用各种资源，开发综合实践活动资源。利用好家长资源、社区资源；利用好学校图书馆、阅览室、实验室、创客教室、劳动教育基地等资源，建立起相对稳定的学校综合实践活动资源群。区（市）县教育行政部门、教研机构要积极组织开发课程资源，加强资源间的联系和共享，为学校利用校外资源提供政策支持。学校要高度重视对课程资源的收集、提炼及优质课程资源的推广使用工作。

2. 经费保障

区（市）县教育行政部门和学校要确保开展综合实践活动所需经费，支持综合实践活动课程资源和实践基地建设、专题研究等。

3. 安全保障

区（市）县教育行政部门要与有关部门统筹协调，建立安全管控机制，分级落实安全责任。学校要建立安全风险预警机制，建立规范化的安全管理制度及管理措施，外出活动要有活动方案、安全预案。教师要增强安全意识，加强对学生的安全教育，提升学生安全防范能力，制定安全守则，落实安全措施。

（三）考核与激励

1. 建立健全指导教师考核激励机制

区（市）县教育行政部门和学校要结合学校实际，制定综合实践活动课程教师考核办法，科学合理地计算教师工作量，将指导学生综合实践活动的工作业绩作为教师职称晋升和岗位聘任的重要依据，对取得显著成效的指导教师给予表彰奖励。在全市教师评优评先工作中要突出综合实践活动教师的地位，并适当向综合实践活动课程教师倾斜。

2. 加强对课程实施情况的督查

区（市）县教育行政部门和教育督导部门要将综合实践活动实施情况作为检查督导的重要内容，将综合实践活动课程实施情况纳入中小学课程实施监测，建立关于中小学综合实践活动课程的反馈改进机制。

3. 搭建优秀成果交流平台

区（市）县教育行政部门、教研机构要充分利用优秀成果评选活动、课堂教学大赛等方式推进区域内学校开展活动、整合资源，发挥优秀成果的示范引领作用。

4. 纳入学生综合素质评价

通过“市—区（市）县—学校”三级电子化管理平台，将中学生综合实践活动课程记录纳入“成都市中学生综合素质评价记录管理系统”，实现电子化档案管理，并建立诚信制度、信息公示制度和责任追究制度。

附件（转发教育部推荐）（见附录一）

1. 中小学综合实践活动推荐主题汇总
2. 考察探究活动推荐主题及其说明
3. 社会服务活动推荐主题及其说明
4. 设计制作活动（信息技术）推荐主题及其说明
5. 设计制作活动（劳动技术）推荐主题及其说明
6. 职业体验及其他活动推荐主题及其说明

附录三：综合实践活动方案范例之一

“范长江的职业精神”综合实践活动方案

一、活动背景

1909 年出生于四川内江的范长江，是中国现代新闻史上最杰出的新闻工作者之一。他生前写过大量的出色的新闻报道，从事过新闻机构的领导工作，为全国的新闻事业作出了很大贡献。1991 年，中国记协与范长江新闻奖基金会联合设立了“范长江新闻奖”，这是表彰奖励我国中青年新闻工作者的全国性高层次新闻奖。

内江人民在范长江先生的故乡东兴区田家镇建立了范长江纪念馆，它承载了长江同志的革命精神。作为长江同志革命精神的重要组成部分，其职业精神有哪些值得我们学习和发扬的呢？带着这个问题，我们开展了这次综合实践活动。

二、活动主体

内江市东兴区田家镇中心学校五年级一班 10 位同学。

三、活动目标

（1）价值体认：通过活动，使学生进一步了解范长江的职业精神，培养学生的爱国情感，激发学生对历史文化的学习热情、拓宽学生的知识面、加强学生的解说能力。

（2）责任担当：通过实践活动，让学生能够充分地了解当地的文化底蕴，树立红色革命意识，知道作为解说员应遵循实事求是、坚持真理的职业理念。

（3）问题解决：通过实践活动，培养学生从活动中发现问题、探究问题、解决问题的能力。

（4）创意物化：通过学生积极参与解说员角色的实践活动，使学生能够在实践中提高交往和沟通的能力，激发学生参与实践活动的兴趣，增强合作探究和自主创新能力。

五、活动准备

1. 学校教务处和校内指导教师与范长江纪念馆联系综合实践活动实施的相关事宜。

2. 校内指导教师与学生一起采购活动需要的物资。

3. 校内外指导教师对学生做好外出开展综合实践活动的安全培训。

4. 校内外指导教师共同排查活动中的安全隐患。

5. 学生在指导教师的指导下，通过网上资源、图书馆查阅和采访解说员等途径了解范长江的相关资料。

六、活动分工

人员		任务	时间节点
图书馆查询组	李小双、黄晓梅、张琼	完成学校、市、区图书馆相关资料的收集整理	11 月 7 日
网络查询组	陶顺萍、谢庆文、倪晓玥	完成网络相关资料的收集整理	11 月 7 日
采访组	邹月、李小双、陶顺萍	完成采访提纲撰写，以及对范长江研究专家、范长江亲属、范长江纪念馆工作人员的采访	11 月 14 日
小小解说员组	谢庆文、邹月、黄晓梅、李小双、陶顺萍、张琼、倪晓玥	完成小小解说员的所有培训，能独立开展范长江纪念馆的解说	11 月 25 日
拍摄、剪辑组	林鑫敏、杨雅君、罗曹瑜	完成综合实践活动过程影像拍摄，并剪辑成本次活动的介绍视频	11 月 30 日

七、活动流程

（一）活动时间、地点

1. 活动时间：2020 年 11 月 1 日—30 日。

2. 活动地点：内江市东兴区田家镇中心学校、范长江纪念馆。

（二）活动实施

1. 资料查询

图书馆查询组和网络查询组在指导教师的指导下，到学校图书馆、市图书馆、区图书馆查询资料。

2. 采访

采访组在资料查询的基础上，在指导教师的指导下撰写采访提纲，并对范长江研究专家、范长江亲属、范长江纪念馆工作人员开展采访，丰富小组成员对范长江职业精神的认识。

3. 共同学习

在指导教师的指导下，小组成员共同对已搜集的资料、采访的结果开展学习研讨，深化对范长江职业精神的认识和理解。

4. 接受培训

在指导教师带领下，小组全体成员到范长江纪念馆接受纪念馆解说员周晓慧（校外指导教师）的解说员职前培训。一方面，进一步全面学习范长江职业精神，另一方面，积极训练解说技能，成为合格的小小解说员。

培训结束后，小小解说员在校外指导教师的指导下，进行多次实操训练。

5. 总结汇报

总结汇报会在范长江纪念馆多媒体会议室进行。参与总结汇报会的人员包括：综合实践活动小组全体成员、校内指导教师、校外指导教师、学校部分受邀教师和同学、范长江纪念馆部分解说员。

（1）拍摄、剪辑组制作视频，在交流汇报会上简单介绍本次综合实践活动实施情况。

（2）谢庆文以小小解说员身份，现场向参会的人员介绍范长江生平事迹陈列馆的布局背景。

（3）邹月以小小解说员身份，现场向参会的人员介绍范长江的半身铜像以及他的著名言论。

（4）陶顺萍以小小解说员身份，现场向参会的人员介绍范长江的生平事迹和人生经历。

（5）参会人员点评综合实践活动结果。

（6）小组成员每人用一分钟的时间介绍自己在活动中的收获。

八、活动评价

本次活动采用学生自评、同伴评价、家长和教师总结等形式综合评价。

“范长江的职业精神”综合实践活动评价表

活动内容　　　　　　　班级　　　　　姓名　　　　　时间

评价标准		自评	家长评	同伴评	教师评
参与合作态度	积极与他人团结协作				
	能与他人协作				
	基本能与他人协作				
发现探索问题	善于思考，能发现并解决活动中问题				
	能按要求解决活动中的问题				
	完全依靠别人解决问题				
收集处理信息态度	经常收集有关资料，及时整理、归类、存放				
	注意收集有关资料，做好整理、归类、存放				
	参与收集资料，有资料可查				
完成任务态度	按时完成各类任务，且质量较高				
	完成各类任务，且有一定质量				
	完成各类任务				

注：评价可以分为 A、B、C、D 四个等级，A 代表非常好，B 代表很好，C 代表较好，D 代表一般。

九、活动安全

本次活动的安全隐患在于学生出行的交通安全、人身安全和财物安全。为此，我们要求：

1. 校内外指导教师共同对活动存在的安全隐患进行排查。

2. 校内外指导教师在活动开展前对学生进行安全出行强调。

3. 外出活动期间，校内外指导教师全程陪护。

4. 校内外指导教师同时对学生强调活动纪律。

5. 校外活动期间，由范长江纪念馆派 2 人陪同，随时处于应急状态，保护学生安全。

十、活动预算

“范长江的职业精神”综合实践活动经费预算

物品	单价/元	数量/个、张	总价/元	备注
口罩	2	20	40	

表(续)

物品	单价/元	数量/个、张	总价/元	备注
打印	0.1	50	5	
A4 纸	0.1	15	1.5	
机动费用	12	10	120	
合计			166.5	

附录四：综合实践活动方案范例之二

“优良家规家训传承和发展”综合实践活动方案

一、活动背景

优良家规家训是古今中外的智者总结的家庭教育的珍宝，它是一个家庭文化的重要组成部分，对个人的发展有巨大的影响。中国共产党历来重视家规家训的重要作用，大力提倡优良家规家训的传承和发展。

内江市东兴区范氏家规入选了四川省第二届十佳天府好家规。2023 年 12 月 25 日，东兴区在范长江故居举行揭匾仪式，弘扬和传承范长江追求真理、克己奉公、清廉做人的优良家风。

借此契机，学校组织了四年级学生参观了范长江纪念馆。同学们在纪念馆看到了《范正文公家训百字铭》。他们请解说员对《范正文公家训百字铭》进行了详细解说。有学生提问：范氏家规家训在范长江和范氏后人身上是怎么体现的？我们今天应该怎样学习、宣传和遵守范氏家规家训？其他的四川省省第二届十佳天府好家规是什么？这些好家规好在什么地方？

教师引导对这些问题感兴趣的学生组成综合实践活动小组，以范氏家规家训为依托，开展以“优良家规家训传承和发展”为主题的综合实践活动，并确定综合实践活动的主要内容是了解范氏家规家训的内容、范氏家规家训在范长江及范氏家族后人身上的体现、其他优良家规家训的内容和传承发展情况，宣传范氏家规家训，开展一次优良家规家训实践，举办一次活动成果汇报。

二、活动主体

小学四年级学生。

三、活动目标

家规家训作为中国传统文化的特有社会文化形态和家庭教育范式，蕴涵着强大的文化传承力与家国一体的教育渗透力。在当今多元文化交融的社会转型期，更凸显着承前启后的育人价值。

1. 价值体认

参观范长江纪念馆认识和了解范长江，感受、认识范氏家规家训；查阅相关资料，认识和了解更多其他的优良家规家训。在优良家规家训实践中获得积极的价值体验，形成正确的规矩意识，初步形成良好的行为准则和优良的道德品质。

2. 责任担当

通过对优良家规家训的了解学习，能正确认识并处理生活基本问题，做到自理、自立、热爱生活，积极面对家庭生活与社会。使学生在日常生活中以及今后的人生中能明辨是非，对待事情有自己的态度和见解。

3. 问题解决

能联系学校和生活的实际情况，将所学优良家规家训运用到实际的生活问题处理中，在解决具体问题时，能运用正确的方法。

4. 创意物化

制作简单的范氏家规家训文化创意作品，如书签、绘画图片、小品、粘贴画、手抄报等。

四、活动分工

参加活动的同学分为三个小队，活动时长为三周。

1. 第一小队

（1）查阅研究家规家训的书籍，了解若干具有代表性的优良家规家训，理解家规家训的重要价值。

（2）组织优良家规家训讨论会。

（3）参加范氏家规家训文创会、故事会。

（4）开展优良家规家训实践。

（5）开展综合实践活动成果汇报、交流。

2. 第二小队

（1）查阅范长江生平事迹，挑选体现范氏家规家训的范长江故事。

（2）组织范氏家规家训故事会。

（3）参加优良家规家训讨论会、范氏家规家训文创会。

（4）开展优良家规家训实践。

（5）开展综合实践活动成果汇报、交流。

3. 第三小队

（1）实地采访范氏家族后人，了解范氏家规家训在后人中的传承和发展。

（2）组织范氏家规家训文创会。

（3）参加优良家规家训讨论会、范氏家规家训故事会。

（4）开展优良家规家训实践。

（5）开展综合实践活动成果汇报、交流。

五、活动流程

（一）指导老师补充基本情况并提出要求

在学生参观范长江故居、听取解说员详细解说的基础上，指导老师对学生进行了以下基本情况的普及。

（1）向学生普及我国家规家训的传统。

（2）向学生介绍四川省评选“十佳天府好家规”的缘由、两届评选的结果以及部分天府好家规的内容。

（3）向学生明确提出活动纪律、活动安全、活动质量等方面的一些要求。

（4）指导学生完善各自小队的活动思路、活动方式方法。

（二）各小队分别行动

活动主要分为三个阶段。指导老师全程参与、观察并适时加以指导，帮助学生明确问题，理清思路，拟定方法，选取工具，双向迁移生活经验与活动经验，提升价值体认质量，做好活动过程记录、心得记录，收集整理活动成果。

1. 第一阶段：调查研究

第一小队查阅研究家规家训的书籍，了解若干具有代表性的优良家规家训，理解家规家训的重要价值。

第二小队查阅范长江生平事迹，挑选体现范氏家规家训的范长江故事。

第三小队实地采访范氏家族后人，了解范氏家规家训在后人中的传承和发展。

2. 第二阶段：交流研讨

第一小队负责组织优良家规家训讨论会。根据第一阶段的结果，提出若干需要深入开展讨论的问题，围绕这些问题，组织参加综合实践活动小组的所有同学开展一次讨论。同时，积极参加第二小队组织的范氏家规家训故事会、第三小队组织的范氏家规家训文创会的交流研讨。

第二小队负责组织范氏家规家训故事会。根据第一阶段的结果，组织综合实践活动小组的所有同学开展一次演讲比赛。同时，积极参加第一小队组织的优良家规家训讨论会、第三小队组织的范氏家规家训文创会。

第三小队负责组织范氏家规家训文创会。根据第一阶段的结果，组织综合实践活动小组的所有同学开展一次以范氏家规家训为内容的文创作品创作，并在范氏家规家训文创会上面向全校师生展出、义卖。同时积极参加第一小队组织的优良家规家训讨论会、第二小队组织的范氏家规家训故事会的交流研讨。

3. 第三阶段：优良家规家训实践

每个小队选择一个优良家风家训，在日常生活、学习中坚持一个月。

（三）总结、反思、汇报

1. 第一阶段

各小队整理、表达活动成果，作总结。队员对队员表现、活动成果进行自评和他评，在老师的指导下开展活动反思。

2. 第二阶段

在老师指导下，汇总活动成果，撰写活动报告和总结。指导老师对队员表现、活动成果作评价，指导学生准备综合实践活动成果汇报会。

3. 第三阶段

成果汇报。

老师指导综合实践活动小组举行汇报会。

六、活动评价

（一）评价主体

教师和学生。

（二）评价对象

学生。

（三）评价标准

1. 第一小队评价标准

（1）信息技术熟练；

（2）掌握图书馆查阅资料技术；

（3）能分辨经典资料；

（4）查阅到的资料内容丰富、图文并茂。

2. 第二小队评价标准

（1）信息技术熟练；

（2）顺利拜访范长江研究专家；

（3）能准确挑选体现范氏家规家训的范长江生平事迹；

（4）能生动、准确演绎范长江生平事迹。

3. 第三小队评价标准

（1）撰写合理的采访提纲；

（2）熟练使用采访工具；

（3）能有效运用采访技巧，完成有效采访；

（4）掌握整理采访记录的技巧。

4. 三小队公用评价标准

（1）设置的活动问题明确、思路清晰；

（2）方法合理、得当；

（3）工具选取合理、工具使用高效；

（4）活动记录、心得记录、反思记录、活动成果记录等过程资料完整；

（5）讨论会、故事会、文创会、实践环节组织分工合理，流程顺畅，内容丰富、形式多样，形成一定的宣传效果，无突发应急事件；

（6）全员全程积极主动参与，较好地体现了小组合作能力以及个体独立完成任务的能力。

七、安全保障

（一）加强安全教育

指导老师对学生进行安全意识教育，培养学生的自我保护能力。第一，向学生描述每个环节可能发生的安全意外，指导学生在遇到安全意外时应该采取哪些应对措施。第二，强调安全纪律要求，要求学生严格遵守安全纪律。

（二）精心规划和组织学生校外活动

（1）指导老师提前向学生家长告知所要进行的活动；提高校外活动效率，安排恰当的活动内容，减少不必要的活动时间。

（2）学生的一切活动都要在老师或者家长的陪同下进行，不可以单独行动。

八、活动预算

优良家规家训传承和发展综合实践活动经费预算表

项目	物品	数量/张、支	单价/元	总金额/元	备注
复印费	小组活动表	4	0.2	0.8	
	学生评价表	4	0.2	0.8	
	活动评价表	4	0.2	0.8	
材料费	彩色笔	4	6	24	
	签字笔	10	1	10	
	纸张	12	1	12	

表(续)

项目	物品	数量/张、支	单价/元	总金额/元	备注
外出活动费					
合计				48.4	

九、附表

附表 1：小队活动表

<table>
<tr><td>队别</td><td colspan="2"></td></tr>
<tr><td rowspan="5">成员分工</td><td>姓名</td><td>任务</td></tr>
<tr><td></td><td></td></tr>
<tr><td></td><td></td></tr>
<tr><td></td><td></td></tr>
<tr><td></td><td></td></tr>
<tr><td>活动小结</td><td colspan="2"></td></tr>
</table>

附表 2：评价表

队别：　　　　　　　学生姓名：

评价内容	评价准则	自评	组长评价	教师评价
参与态度（25分）	是否主动组织和参与活动，表现积极。是否具有团体意识			
合作程度（25分）	小组成员是否友好配合，互相帮助。在合作活动中，是否尽职尽责			
活动过程（25分）	是否发挥自己的创造力，听取他人的意见。在活动过程中是否能够独立完成自己的相应任务			
活动成果（25分）	活动成果完成质量是否较高，是否能完成对活动成果的交流汇报			
总计				

附录五：可供参考的小学综合实践活动课程包

1. 李雪，等. 小学古诗词吟诵 [M]. 成都：西南交通大学出版社，2021.

2. 李雪，等. 有趣的二十四节气 [M]. 成都：西南交通大学出版社，2021.

3. 李雪，等. 廉洁种子种童心：低段/高段 [M]. 成都：西南交通大学出版社，2020.

4. 李雪，艾艳萍，等. 闪闪红星耀东兴 [M]. 成都：西南交通大学出版社，2017.

5. 艾艳萍，李雪，等. 闪闪红星耀甜城 [M]. 成都：西南交通大学出版社，2017.

6. 艾艳萍. 烽火中行走的“活新闻”：范长江精神的影响与传承 [M]. 成都：西南交通大学出版社，2017.

7. 刘瑛，等. 爱上劳动：小学劳动教育实践：上/中/下 [M]. 成都：西南交通大学出版社，2025.

8. 黎勇，等. 生活中的科学 [M]. 成都：西南财经大学出版社，2024.

附录六：扩展阅读书目

1. 陈光元，李雪，等. 博通文理 爱满天地［M］. 成都：西南交通大学出版社，2021.

2. 顾建军. 小学综合实践活动设计［M］. 北京：高等教育出版社，2020.

3. 徐燕萍. 学会学习 学会认知 学会活动：综合实践活动课程导论［M］. 苏州：苏州大学出版社，2019.

4. 柳夕浪.《中小学综合实践活动课程指导纲要》解读［M］. 石家庄：河北教育出版社，2019.

5. 张华. 综合实践活动课程的国际视野［M］. 石家庄：河北教育出版社，2019.

6. 张紫屏. 综合实践活动课程的理论视野［M］. 石家庄：河北教育出版社，2019.